Hartmut Müller
Swami Anand Anupam

Spiel Tarot Spiel Leben

Eine Schule des intuitiven Tarot

HERZSCHLAG

1. Auflage 1985 im Herzschlag Verlag, Berlin

Umschlagentwurf: Reinhard Guhr
Fotos im Innenteil: Dietrich Graf
Herstellung: Schneelöwe, Haldenwang

ISBN 3-922389-17-1

Printed in Germany

Inhaltsverzeichnis

Vorwort

Das intuitive Tarot gibt wenig auf esoterische Traditionen. Es hält nichts von auswendig gelernten oder gar nachgeschlagenen Bedeutungen der Karten. Es lebt vom Vertrauen in den spontanen Einfall des Augenblicks, eben von der Intuition.

Hier und jetzt findet eine Begegnung statt, zwischen zwei Menschen und ihren Projektionen in die Bilder des Tarots. Diesen einmaligen und besonderen Augenblick wollen wir erleben und uns den Energien unseres Unbewußten öffnen.

Wir sind keine Zukunftspropheten. Die Zukunft bleibt offen, und wir sollen offen bleiben, Kommendes so zu nehmen, wie es ist. Aber verworrene Vorstellungen können geklärt werden. Unbewußte Tendenzen können ins Licht des Bewußtseins gehoben werden. Aufgaben, die das Leben stellt, können klarer gesehen und in ihrem tieferen Zusammenhang verstanden werden. So ist das intuitive Tarot kein Hokuspokus, sondern wenn es mit offener und gerader Einstellung betrieben wird, eine echte Lebenshilfe.

In diesem Buch beziehe ich mich auf das von mir benutzte Rider-Waite-Tarot-Deck, weil gerade diese Art der Darstellung das spielerisch spontane, offene und wachsame Umgehen mit den Karten sehr fördert. Häufig benutzte ich auch das „Dakini Orakel Deck“, besonders in Gruppensituationen, wo wenig über die Karten geredet werden soll. Der intuitive Umgang ist aber mit jedem Deck möglich.

Wer hier komplizierte esoterische Traditionen erwartet, wird enttäuscht. Wer sich aber einen freien, niemandem verpflichteten Umgang mit den Karten aneignen will, der wird hier viele

Anregungen finden, für sein persönliches Wachsen ebenso wie für Experimente unter Freunden. Und dann kann er sich der offenen Begegnung mit anderen Menschen und ihren Fragen stellen, echte Hilfe geben und seinen gerechten Lohn dafür fordern.

Meine Erinnerung geht gerne zurück zu dir, Swami Prembodhi, und in deine Hütte in Poona, wo wir nächtelang saßen und immer wieder fasziniert waren, wenn unsere linken Hände genau die richtige Karte fanden und du uns weiterstießest auf dem Weg zu uns selbst.

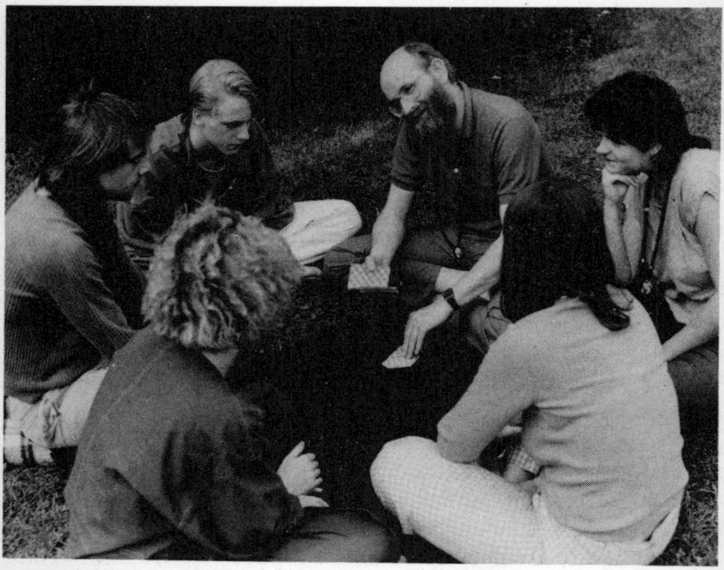

Die Legende

Keiner kennt den Erfinder des Tarots. Wenn du darüber etwas wissen willst, mußt du andere Bücher lesen. Wenn du mehrere liest, findest du gerade beim Tarot das, was jeder mit jeder Art von Vergangenheit macht. Er schustert sie sich so zurecht, daß sie zu dem paßt, was er in der Gegenwart tut, daß sie sein Handeln begründet, erklärt, oft entschuldigt. Er gibt als Wirklichkeit aus, was nichts anderes als Vorstellung sein kann. Ich empfinde diese Vorgehensweise als unehrlich, mag sie oft auch unbewußt sein.

Ich gebe zu, daß ich eine Absicht habe, Bestimmtes zu vermitteln, und ich sage nichts zur Geschichte des Tarots. Ich erzähle eine Geschichte.

Es war einmal ein weiser Meister, der hatte eine Mysterienschule, ein Wachstums-Zentrum in einer abgelegenen Burg irgendwo zwischen Ost und West. In dem Land, in dem seine Schule lag, herrschte ein milder, friedliebender König, der die Arbeit des Meisters duldete, vielleicht begrüßte, obwohl er sie nicht verstand.

Nun ergab es sich, daß die Arbeit des Meisters gerade junge Leute anzog, und viele begannen, sich selbst zu erforschen, ihr Leben unabhängig zu genießen, und waren nicht mehr bereit, Kriegsdienste zu leisten. Der König hatte aber einen Sohn, der ein wilder, gewalttätiger Mensch war. Den verdroß die Arbeit des Meisters sehr, denn er wollte Kriege führen, um sein Reich zu vergrößern. So hatte er angekündigt, er wolle den Meister töten und seine Arbeit zerstören, sobald er nur die Macht dazu hätte.

Nun kam es dem Meister zu Ohren, daß der alte König zu Tode erkrankt sei und jeden Tag sterben könnte. Was sollte er tun? Keiner der jungen Schüler hatte Verständnis genug, seine Bot-

schaft weiterzutragen. Sie hatten alles erst halb verstanden. Geschriebene Worte fordern nur unfruchtbare Diskussionen heraus und können den Besitzer in tödliche Gefahr bringen. Und Worte fassen die erlebte Weisheit eines Meisters nicht.

Da erfand der Meister ein Kartenspiel, mit dem Karte für Karte der Weg zu seiner Weisheit entfaltet werden konnte. Aber auch jedes Kind konnte einfach damit spielen und seinen Spaß haben. Ein Krieger findet König, Reiter und Fußvolk darin, ein Kaufmann Geld, ein Geistlicher Engel, Teufel und Priester. Und als höchste Karte eine nackte Frau! Kein Soldat wird das Spiel vernichten.

Der Meister ließ das Spiel so vielfach abmalen, wie Jünger in seiner Schule waren, gab jedem eines, erklärte den Gebrauch und jagte sie davon. Der König starb; der Sohn kam mit Heeresmacht in die alte Burg, fand den Meister allein im Hof auf ihn wartend und enthauptete ihn eigenhändig. Dann ließ der junge Herrscher alles, was an den Meister erinnern konnte, verbieten und vernichten. Er war darin so erfolgreich, daß man die Spuren des Meisters bis heute nicht mehr gefunden hat.

Das Tarot aber verbreitete sich über die ganze Welt, überstand alle Verfälschungen, und wenn du sein Geheimnis kennst, erweckst du den Meister zum Leben, wann immer du dich ihm stellen willst.

Die Einladung

Wir sitzen auf Kissen im Kreis, fassen uns an den Händen, atmen mit offenem Mund. Der Raum ist dunkel, nur in der Mitte brennt eine Kerze. Alle Augen sind auf die Kerze gerichtet.

Spüre deinen Atem. Spüre die Hände der anderen rechts und links von dir. Atme etwas mehr als du brauchst. Spüre Nehmen und Geben, Nehmen und Geben.

Die Augen, die auf die Kerze gerichtet sind, schauen nach außen. Sie können nicht nach innen sehen. Selbst wenn du sie schließt. Du bist dann blind oder du beginnst, dir eine andere Außenwelt zu träumen, zu imaginieren. Augen erleben die Außenwelt. Wenn aus der Innenwelt Dinge sichtbar werden, erscheinen sie wie Außenwelt. Wenn sie als Traum, als Imagination oder als Kunstwerk sichtbar werden, weißt du, daß diese Bilder aus der Innenwelt stammen. Triffst du deinen Geliebten, deine harte Chefin, deinen Arzt, dann bist du dir nicht bewußt, wie du auf diese Leute deine Innenwelt projizierst und wie dein Erleben oft mehr von deiner Innenwelt als von der äußeren Realität bestimmt wird.

Ich lade dich ein, auf eine innere Reise zu gehen. Die Bilder der Außenwelt werden wir als Zeichen der Innenwelt begreifen und damit umgehen, spielen, tanzen und sie wieder im Außen wirksam werden lassen.

Unsere Kerze z.B. bringt dich in Kontakt mit deiner Lebensflamme, der lebendigen, göttlichen Kraft in dir. Die Körper der anderen als Kreis verbunden sind Symbol für deinen Körper, in dem deine Lebensflamme brennt. Jeder im Kreis konzentriert sich auf das Licht. Gleichzeitig kommt dein Körper mit dem inneren Licht in Kontakt. Im Einatmen nimmst du es von außen in dich auf. Im Ausatmen holst du es aus deiner Tiefe nach außen. So setzen wir uns mit der göttlichen Lebensenergie in Verbindung. Öffne dich gleichzeitig deinen Kräften im Innern und den Kräften in der Gruppe, in der Außenwelt.

Dann erzählt einer die Geschichte von der kleinen Taschenlampe: „Ich gehe in einen dunklen, mir unbekannten Raum voller ungeordneter Gegenstände. Der Strahl meiner Lampe zeigt mir nicht mehr als die Fläche eines kleinen Tellers. So leuchte ich im Hin- und Her-, Herauf- und Heruntergehen mit dem Strahl alles ab, bis in mir ein geschlossenes Bild entsteht von den Gegenständen um mich herum. Dann kann ich einen oder zwei Schritte gehen, bis ich von neuem herumleuchten muß, um nicht irgendwo anzustoßen."

Schließ jetzt die Augen und erforsche den Innenraum deines Körpers mit dem Strahl deines Bewußtseins. Fühle, wo du warm, wo du kalt bist. Was ist gespannt, was ist entspannt? Bleib vollkommen bewegungslos, bis du dich ganz durchforscht hast. Dann ändere die Art, wie du sitzt, wie du deinen Körper hältst, ganz langsam und laß den Strahl deines Bewußtseins weiter umherschweifen. Wo ist ein Impuls, sich zu bewegen?

Gib den Impulsen nach. Die Atmung ändert sich, du wirst ruhiger, entspannter. Du fühlst die Innenwelt deines Körpers. Hier gibt es keine Bilder, Vergleiche sind immer irgendwie falsch, die Sprache versagt.

Atme schneller, tiefer, länger! – Stop – Wiederhole das Herumleuchten mit deinem Bewußtsein: Wärme, Gespanntheit, Druck, Impulse. Gefühle kommen hoch. Vielleicht wird ein Impuls aufzuspringen deutlich, oder zu schlagen, zu schreien. Beim tiefen Atmen triffst du auf plötzliches Aufsteigen von Wärme in deinen Geschlechtsteilen. Bedürfnisse nach Zärtlichkeit werden fühlbar. Trotz steigt auf, Ängste werden wach, der Kopf fängt an, das Tonband von: „Das kann ich mir nicht erlauben" abzuspielen.

Jetzt ist die Tür zur Innenwelt aufgestoßen. Wir betreten „verbotene" Räume. Ich lade dich ein mitzugehen. Ich liebe dieses

Wesen, mein Menschentier, mit seinen Gefühlen, seinen Bedürfnissen, seiner Lebendigkeit. In unserer Welt der Haustier-Menschen kannst du als wilder Mensch nicht leben. Das kann nicht erlaubt werden. Aber deine Gefühle fühlen, deine totale Lebendigkeit spüren, muß möglich und erlaubt sein, wenn du wirklich wachsen willst.

Deshalb unser kleiner, vertrauter Kreis zum Experimentieren, Probieren, Erlauben, Erleben, Akzeptieren und über die Wirklichkeit Reflektieren. Als Gewächshaus, in dessen Schutz die kranke Pflanze neue Blüten treibt.

Das Gefängnis

Als die Erde eine Scheibe war und die Sonne am Himmelszelt herauf und herunter lief, hättest du bis zur Küste des großen Oceanos gehen können und nicht weiter. Die Angst der Unwissenheit, wie das denn mit dem Rand der Scheibe sei, hätte dich zurückgehalten. Wenn dann ein Galilei oder ein Kopernikus gekommen wäre und hätte dir gesagt, daß du nur einer falschen Vorstellung von der Realität aufgesessen seiest, hättest du es nicht geglaubt.

Und dann kam ein mutiger Mann, der sich traute, Schiffe auszurüsten und im Vertrauen auf die neue Weltvorstellung ein Wagnis einzugehen. Es ging nicht um die Wahrheit. Wie du weißt, ging es um das Gold Indiens. Ein verzweifelter König bezahlte die Schiffe. Und die Mannschaft bestand aus Leuten, die alle Grund genug hatten, der bürgerlichen Welt den Rücken zu kehren. Mut der Verzweiflung, der letzten Chance. Erst lange nachdem Columbus erzählt hatte, daß er das neue Land betreten hätte, setzte sich die Vorstellung durch, daß die Erde eine Kugel sei.

Heute nun besteht die Welt für viele nur aus dem, was du sehen und anfassen kannst und was die Wissenschaft messen und berechnen kann. Über den Wolken ist nicht Gott, sondern dort oben kannst du nach Amerika fliegen. Dein Körper besteht aus Knochen und Zellen, die durch chemische Prozesse am Leben erhalten werden, in die die Ärzte eingreifen können, wie sie es für richtig halten.

Inzwischen läßt die wissenschaftliche Welterklärung viele Fragen offen und läßt uns unbefriedigt. Nun erinnern wir uns an Älteres. Die chinesischen Ärzte, die indischen Yogis, die indianischen Medizinmänner, alle alten Anschauungen kannst du in fast jedem Buchladen finden. Sie erklären in ihrer Weise die Welt, und du findest Leute, die sich in diese Dinge einarbeiten

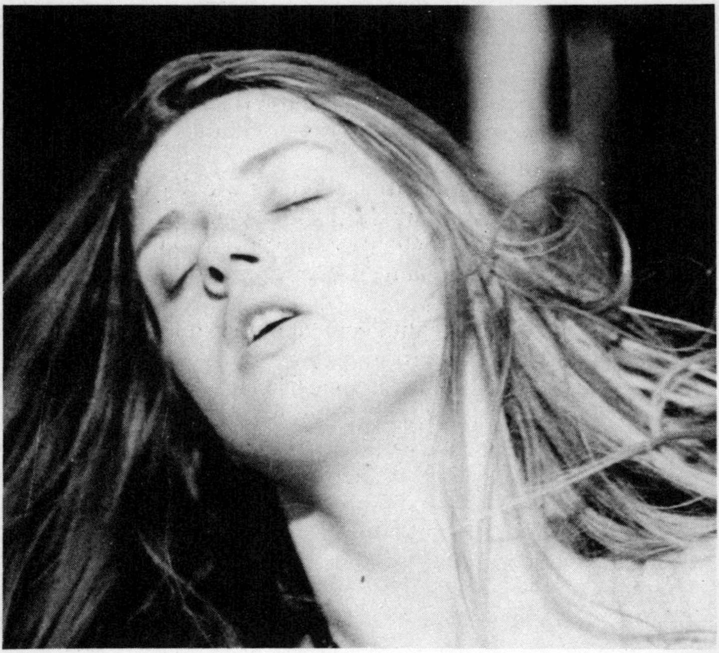

und Heilungserfolge damit haben. Unsere wissenschaftlichen Vorstellungen sind für sie nur komplizierte Käfige, auch wenn sie selbst oft im Dunkeln herumirren.

Vielleicht wirst du von meiner Weltvorstellung beim Lesen dieser Dinge hier etwas mitbekommen, doch halte dich daran nicht fest. Laß dich nicht in einen Gegensatz zwischen meiner und deiner Meinung bringen. Du sollst wissen, daß alles, was ich sage, vorläufig gilt; in diesem Augenblick erkläre ich es dir so. Wenn ich tiefer hineinginge, erschiene es ganz anders.

Ich wünsche dir, daß du offen bist. Ich selbst möchte meine Vorstellungen und Erklärungen immer wieder auf die Seite stellen und wagen, neue und andere Erfahrungen zu machen. Und dann werde ich mehr Wert auf diese Erfahrungen legen als auf alle alten Erklärungen.

Eine Vorstellung auf die Seite stellen, ist wie das Öffnen einer Kerkertür. Eine unbekannte, angstmachende Welt mit unerforschten Wegen und Möglichkeiten liegt vor dir. Auch ungeahnte, überraschende Lösungen können gefunden werden.

Verwechsle nicht die Realität mit den Vorstellungen, die du über sie hast. Alles ist anders und unbekannt, wenn du dich leer von Vorstellungen machst. Das Tarot kann dir deine Vorstellungen nehmen, genau an der Stelle, wo du sie am leichtesten fallenlassen kannst. Und dann führt es dich näher zu deiner Wirklichkeit.

Atmen und Schauen

Schau, die vielen bunten Bilder! Laß dich nicht hilflos machen! In unserem Kreis haben wir die Frage nicht erlaubt: Was bedeutet diese Karte? 78 Bilder sind da. Keines hat e i n e Bedeutung. Du schaust es an, atmest bewußt und es bringt dich mit etwas in dir in Kontakt. Etwas klingt an. Gedanken sind da, Gefühle sind damit verbunden, Wertungen, Ängste, Hoffnungen. Alles Teile von deinem Wesen.

Atme ein paarmal tief ein und aus! Nimm eine Karte mit der linken Hand, atme weiter und sag mir, was du siehst!

Ich sehe einen jungen Mann auf einem Hügel stehen. Er hat einen Stamm, den er in beiden Händen hält. Er scheint Angst zu haben, sich zu verteidigen. Vor ihm sind sechs andere solcher Stämme, die aus der Tiefe kommen. Man sieht nicht, wer sie hält und ob eine Bedrohung wirklich besteht. Die Stämme haben alle lustige junge Blättchen; die werden zerschlagen, wenn man mit den Stämmchen wirklich zuschlagen würde.

Was hat das mit dir zu tun?

Ich fühle mich heute in Verteidigerhaltung. Ich will nicht vor und nicht zurück. Ich reagiere immer, als ob ich angegriffen wäre, egal, wie es gemeint ist. Ich lasse mich auf nichts ein, wenn ich nicht muß.

Wie fühlst du dich dabei?

Eigentlich mies, irgendwie zu. Ich lasse nichts an mich rankommen. Aber ich bin nervös, fühle mich auch mit mir selber nicht wohl.

Nimm eine Karte für das, was du stattdessen tun kannst! Atme! Was siehst du?

Oh! Einen Löwen und eine Frau in einem weißen Kleid. Sie krault den Löwen an der Schnauze. Der bückt sich nach vorne und schaut zu der Frau auf; sie schaut zu ihm hinunter. Sie hat einen Kranz auf und Blumen umgebunden. Über ihrem Kopf ist das Zeichen Unendlich. Im Hintergrund ist eine grüne Landschaft mit einem blauen Berg.

Wie ist die Stimmung in diesem Bild?

Ruhig, zufrieden, zugewandt. Dieser gelbe Himmel ist herrlich.

Was also kannst du tun?

Irgendwie aufgeben?

Das ist ein Teil. Gib auf, dich zu verteidigen! Der zweite Teil ist: Laß dir etwas gefallen! Ich meine in dem Sinne, daß es dir gefällt. Öffne dich den anderen und nimm, was du von ihnen bekommst!

Was mir in diesem Moment ins Auge springt, was ich gerade jetzt beim Anblick der Karte empfinde, das ist die Bedeutung der Karte. Ich atme bewußt, blicke auf die Karte und vertraue dem, was spontan hochkommt. Ich kann sonst in zwei Fallen geraten:

Die erste Falle:

Ich erinnere mich der Deutung vom letzten Mal, von einer anderen Person, von einem Buch, das ich gelesen habe. Dadurch ist mir der Blick für die Deutung des Augenblicks verstellt.

Die zweite Falle:

Ich habe einen bestimmten Wunsch, ein Programm, was ich erfüllt sehen will. So habe ich die Tendenz, die Deutung aus der Karte auf mein Programm hin zu verschieben. Ich bin für die Botschaft der Karte in diesem Augenblick nicht mehr offen und fange an zu manipulieren.

Das Gegenmittel ist Bewußtheit. Wie schnell reagiere ich? Kommt das, was ich sage, aus der Erinnerung, dem Wünschen oder aus meiner Tiefe? An meiner Stimme, meiner Haltung, meiner Atmung, meiner Körperspannung kann ich das sehen.

Dazu hilft es auch, die Karten nicht alleine für sich selbst zu lesen, sondern eine andere Person miteinzubeziehen, die mit aus den Karten liest, was ich selber nicht sehe oder nicht wahrhaben will. Dann ist es an mir, den Karten zu vertrauen, also den Deutungen, die wir miteinander zu dieser Frage, dieser Person in diesem Augenblick gegeben haben.

Die Karte für sich allein hat also keine Bedeutung. Es ist nichts als eine Karte mit einem Bild. Wenn ich wirklich leer wäre von allen Bedeutungen und Programmen, könnte ich die Bedeutung in diesem Augenblick in mir aufsteigen lassen. Dabei ist mein Unbewußtes mit dem Unbewußten des Gegenübers in Kontakt. Je leerer ich selbst bin, desto klarer kommen die unbewußten Botschaften intuitiv ins Bewußtsein.

Kannst du dich leer machen?

Du wirst es kaum können. Was du tun kannst, ist, dir anzuschauen, was in dir ist, und es dann für kurze Zeit auf die Seite zu stellen.

Zum Beispiel weißt du, daß der Wind die Blätter der Bäume bewegt. Du sitzt vielleicht hinter deinem Fenster, ohne den Wind zu spüren. Vergiß dein Wissen. Stell dir vor, die Bäume könnten sich bewegen. Sie würden sich in einem wilden Tanz bewegen, so wild, daß der Wind erst dadurch entsteht. Geh tief in diese Vorstellung. Erfinde, pfeife, trommle die Musik zu dem Tanz dieser großen, lebendigen Tiere. Schau, was für eine wunderbare Welt wir gerade geschaffen haben. Du kannst mit deinen Vorstellungen Welten entstehen lassen. Toll!

Nun mach dich leer. Dies war ein Spiel der Vorstellungen. Real ist, der Baum bewegt sich oder wird bewegt. Im Zimmer sitzend, spüre ich nichts vom Wind. Meine Kerze brennt ruhig. Einen Augenblick lang bin ich offen für jede Möglichkeit der Welterklärung, bis die festen Vorstellungen ihren Platz wieder einnehmen.

Ein anderes Leermachen ist wichtiger und auch schwieriger:

Schau dir deine Wertungen an! Der einfache Gegensatz – gut und böse, positiv und negativ – mischt sich immer wieder ein. Das soll möglichst nicht unbewußt geschehen. Erinnerst du dich an die Schlange im Paradies? „Ihr werdet sein wie Gott und wissen, was gut und was böse ist." – Hör auf, dein eigener Gott zu sein! Wenn du weißt, was gut und böse ist, hat deine Welt enge Grenzen. Es gibt dann Dinge, die du in deiner Welt gerne hast, und andere, die du bekämpfst, hinauswirfst und unterdrückst. Dann ist ein ganzes System von Bewertungen da, das du gelernt und übernommen hast und das dich hindert, wirklich offen zu sein.

Willst du nun einem anderen helfen, ihn beraten, sich mit den Kräften seines Unbewußten beschäftigen, bedeutet so ein System von Bewertungen, wenn du sie nicht nur für dich gelten läßt, sondern auch vom anderen als selbstverständlich erwartest, eine gefährliche Einmischung in die innere Natur des anderen.

Ich sage nun nicht, du sollst auf jede Wertung verzichten, sondern du sollst sie bewußt erleben und du sollst sie nur für dich gelten lassen, als eine von dir für dich gesetzte Grenze. Mit dem anderen hat das nichts zu tun.

Du lebst in den Grenzen deiner Wertungen und er in den seinen. Wenn du lernst, deine Wertung zu sehen und vielleicht nach und nach fallen zu lassen, geschieht das Öffnen, das auf dem Weg zur inneren Entwicklung so nötig ist.

Genauso hat der andere es nötig, seine Wertungen als Grenzen zu erleben, und vielleicht mußt du ihn auffordern, die Dinge anders, offener zu sehen und über seine Grenzen zu gehen, wo sie seiner Entwicklung im Wege sind. Ihm aber neue Grenzen aufzuerlegen halte ich für nicht im Sinne einer guten Beratung.

Es fällt mir gerade ein, wie ist das nun, wenn ich einem Säufer sagen muß, er soll nicht trinken. Schau, er hält selber das Saufen für schlecht. Sage ich jetzt, Saufen ist schlecht, ist das nichts

Besonderes. Er glaubt es selbst und kann es von jedem hören. Was aber seiner Entwicklung im Wege sein wird, ist seine Wertung: „Ich bin schlecht." Wenn es mir gelingt, ihn erleben zu lassen, daß „Ich = Säufer = schlecht" nicht die einzige Wirklichkeit ist, dann ist wesentlich Neues geschehen.

Natürlich kann ich das nur, wenn ich die gesellschaftlich übliche Wertung „Säufer = schlecht" nicht für mich übernehmen und stattdessen neue Dimensionen öffnen kann.

Nun meditiere, träume dich in die Karten! Geh hinein in die Welt deines Tarotdecks. Sei der Held im Vordergrund, die anderen Personen, die Persönlichkeiten der Hofkarten. Geh einfach in die Landschaften, spüre die verschiedenen Welten dieser Landschaften. Such alle Karten raus, die im Hintergrund einen Berg haben, vergleiche sie. Such alle Karten, wo Bäume drauf sind, wo Wasser drauf ist. Unterscheide stehendes Wasser von fließendem. Leg alle Karten zusammen, wo der Mond drauf ist. Such alle Schlösser, Türme, Burgen oder Häuser. Such alle Karten mit Tieren, Blumen, Früchten usw. Such eigene Gesichtspunkte, nach denen du ordnen kannst.

Sortiere die Landschaften nach ihren Farben, Stimmungen und wandere in ihnen. Wie würde es dir in den Innenräumen ergehen? Schau allen Personen auf die rechte Hand. Und dann auf die linke. Leg alle Karten zusammen, wo mehr als eine Person abgebildet ist. Wie ist die Beziehung der Personen untereinander? Bitte übersieh die Personen im Hintergrund nicht.

Wenn du das so machst und auch deine eigenen Pfade gehst, wirst du tief in die Welt der Karten eindringen. Bitte tu das mehrere Stunden, bevor du die nächsten Kapitel liest. Denn wenn ich dir einen Teil meiner Reise in diese Welt in den nächsten Kapiteln zu lesen gebe, stößt du schon auf Bekanntes, findest Vergessenes wieder, findest Neues und gehst tiefer.

Und du kannst einen Vorgang erleben, auf den ich dich ganz besonders aufmerksam machen will: Nimm an, ich sage etwas, das dir auch schon aufgefallen ist. Du wirst vielleicht denken: „Da hat er recht.“ Dann sage ich etwas, das mit deinen Gedanken nicht zusammenpaßt, und du denkst: „Da hat er unrecht“, „Der nimmt aber so eine Nebensache sehr wichtig“, „Das ist aber zu weit hergeholt“ – usw.

Achte sehr gut auf diese Gedanken, die sich einmischen! Du kannst erleben, wie deine eigene Meditation über die Karte oder eine irgendwo gelesene Bedeutung dir schon jetzt in bestimmter Weise Grenzen setzt, dich offen meiner Interpretation auszusetzen.

Wenn du dann später mit anderen Tarot liest, wird dasselbe in ähnlicher Weise geschehen. Sei dir bewußt, wie du damit umgehst. Bist du rechthaberisch? Fängst du an zu diskutieren? Gibst du gleich nach? Hörst du den anderen wirklich und läßt ihn gelten? Es schadet nicht, wenn du dir über deine Reaktionen auf meine Äußerungen Notizen machst. Wenn du später anderen die Karten liest, kannst du dieselben Reaktionen wiederfinden und dir leichter deiner Fehler bewußt werden.

Vergiß nie:
Du bist nie, keine Minute, derselbe. Dieser Lebensprozeß, dem man deinen Namen gegeben hat, ist in ständiger Veränderung begriffen. Jeder Atemzug ändert die Zellen deines Blutes, schafft neues und anderes Leben in dir. Nur die Gedanken und Gewohnheiten schaffen Vorstellungen von Bestehendem und leugnen Veränderungen.

So lerne, jedesmal die Karten ganz neu, wie zum ersten Mal, zu sehen. Gib dich, was das Tarot betrifft – für dein ganzes Leben wirst du es nicht so bald können – in den Raum des ständig Niedagewesenen. Wenn du auf meine Interpretation stößt, stößt du auf mich in der Stunde, in der ich darüber nachdenke – eine Momentaufnahme meiner Subjektivität, nichts anderes. Ein paar Wochen später ist es wie eine alte Fotografie. Ich gleiche ihr nicht mehr. Ähnlichkeiten werden da sein. Die Karten sind dieselben. Auch mein Geist folgt Gleisen, die ich nur mit sehr viel Aufmerksamkeit und Offenheit verlassen kann.

Nun leg mein Geschriebenes beiseite und nimm dir die Karten vor, alleine, zu mehreren, folge deiner Intuition, deinen Vorlieben und deinen Träumen und laß die Karten zu dir sprechen, damit danach deine innere Erfahrung in der Begegnung mit mir intensiver wird.

Die kleine Reise

In den 78 Tarotkarten haben wir zwei Arten von „Kartenspielen“. Ein Spiel mit viermal As bis X und den um eine Karte, den Reiter, erweiterten Hof, und die 22 Großen Magischen Karten. Dazu gibt es eine weiße, unbedruckte Karte. Auch über diese muß bei Gelegenheit gesprochen werden. Zuerst ordne ich die Karten von As bis X und lege sie in der Reihenfolge *Swords, Wands, Cups, Pentacles,* also Schwerter, Stäbe, Kelche und Pentakel.

Nochmals rufe ich zur Vorsicht: dies sind keine Karten-Bedeutungen!

Und so kann die Reise beginnen:

As der Schwerter

Nicht mit der Geburt beginnt die spirituelle Reise, sondern mit dem Hinauswurf aus dem Paradies, wenn ein Verstand da ist, der begreift: I c h bin ein Einzelwesen, getrennt von anderen. Ein eigener Wert, *Ace of Swords.* Die Krone des Ego ist da. Das Ego entsteht durch Erkenntnis, Denken = das Schwert. Das As ist Anfang und Bedingung der Reise. Das unbewußte Tier, der lebende Organismus ohne die Möglichkeit, zum Denken des „Ich bin“ vorzudringen, hat die Reise nicht nötig. Die Welt des Denkens ist eine leere, kalte Welt. Aber das Ich ist eine vorhandene Tatsache. Du kannst nicht dahinter zurück.

II Schwerter

Nicht nur das eigene Denken ist da. Mit dem Ich kommt der Wille, der Trotz, das Nein. Sinnlos, blind, verschlossen dem guten Zuspruch des Mutterherzens. Im Trotz bin ich allein. Der Mond ist da, das Zeichen des Wechsels. Auf Tränen folgt Ausgelassenheit, auf Verschlossenheit Offenheit. Viel Wasser ist da, das Symbol des Unbewußten. Im Schlaf und Traum lasse ich alles wieder fallen, was ich bewußt aufgebaut habe.

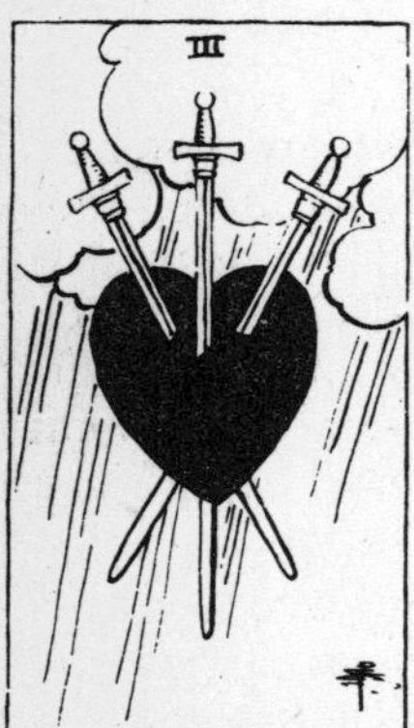

III Schwerter

Gegen den eigenen Willen erlebe ich den Willen der Eltern und bin verletzt durch deren Gewalttätigkeit. Auch lerne ich, gegen die Impulse meines Körpers meinen Willen einzusetzen. Ich kann mich beherrschen und mich mit Schuldgefühlen strafen, mir die Stimmung verderben, in der ich mich wohlfühlen könnte. Ich bin verletzt, durch andere und durch mich selbst. Pflichten und Schuldgefühle beherrschen die Beziehungen, nicht Liebe, die heilende Herzenergie.

IV Schwerter

Gegen die Erwachsenen kann ich nicht an. Mein Wille erlahmt, schweift ins Spiel, in den Traum. Getan wird, was erlaubt ist, was geboten wird und was das Gewissen sagt (III Schwerter). Das Tiefere, Eigene, hat zu warten. Erst die Arbeit, dann das Spiel.

V Schwerter

Langsam wächst das Bewußtsein von eigener Macht. Flegeljahre, trotziger Protest. Ich bin doch kein Kind mehr! Ich kann alleine mir Räume suchen, wo ich mir nicht dreinreden lasse. Ihr Alten verzieht Euch! Laßt mir Raum! Ich bin ein Rocker. Ich kenne meine aggressiven Möglichkeiten und lebe sie aus.

VI Schwerter

Zu Hause wird es zu eng. Vielleicht liegt das Glück, die Chance der Entwicklung anderswo. Also mach ich mich auf. Ich muß meine eigenen Erfahrungen machen. Aber alte Wertvorstellungen sind da. Das Kindsein mit der Angst vor dem Gehorchenmüssen ist noch da. Das Gefühl, nicht genug bekommen zu haben, genauso. Also wird der alte Streit mit auf die Reise genommen.

VII Schwerter

Nun wird es Zeit, mit dem alten Trotz aufzuhören und den Streit beiseite zu lassen (5 Schwerter werden fortgetragen). Das eigene Denken und der eigene Wille werden noch lange gebraucht werden (2 Schwerter). Das Lager der Kämpfer, die Rockerbande, die Gruppe der reisenden Vagabunden, Soldaten und andere Männergruppen müssen verlassen werden, sonst wird die Entwicklung verfehlt, die Persönlichkeit krankhaft.

VIII Schwerter

Die Chance ist fast verfehlt. Der Held ist schon Opfer seiner eigenen Vorstellungen geworden. Leiden an der eigenen Persönlichkeit oder an den Umständen beginnt. Der älter werdende Rocker verfängt sich in Kriminalität und schaut in Angst vor der Polizei um sich. Die Nur-Hausfrau findet sich überhäuft von Pflichten und beginnt, in körperliches Kranksein zu fliehen, weil sie sich nicht selbst befreien kann. Der Polizist kennt nur noch die Chance, durch vollen Einsatz die nächste Beförderung anzustreben, obwohl die Chance 1 : 20 steht, während seine menschlichen Beziehungen leiden.
Eine Änderung der ganzen Lebensrichtung ist geboten. Ein Freund, der dem Helden den Weg zuruft, kann noch helfen, wenn dieser auf ihn hört. Aber ist der Held schon bereit, Hilfe anzunehmen? Oder nährt er falsche Hoffnungen? Bei wirklichem Hinsehen in seine Situation merkt er die Gefahr. Aber er ist blind, wiegelt ab, lügt sich in die Tasche, will nicht hören.

IX Schwerter

Jetzt ist es zu spät, aus eigener Kraft den Weg heraus zu gehen. Der Held ist wirklich krank, als kriminell eingesperrt, süchtig, ohne eigenes Geld und eigene Freunde in einer leidvollen Ehe. Eine gute Klinik, ein Sozialarbeiter, Fachleute, die sich einsetzen, sind nötig, den Helden bei der Hand zu nehmen und wieder auf den Weg zu setzen. Dabei wird harte Arbeit zu leisten sein, und tiefe Wunden werden bleiben. Wenn sich kein Helfer findet, ist die Katastrophe unvermeidlich.

X Schwerter

Das Auslöschen des Denkens und des Egos durch die in ihm selbst liegende Dynamik ist vollzogen. Tod, Wahnsinn und Selbstmord, aber auch das Abgestorbensein in trockener und todlangweiliger Routine des hoffnungslos Vegetierenden kann hier der Schluß sein. Die offiziellen Hilfen versagen hier. Ein Leben in einer anderen Existenz, ein spiritueller Erlöser, wird als Möglichkeit golden am kalten Horizont sichtbar.

As der Stäbe

Und irgendwann tritt der Anfang neuer Möglichkeiten ins Bild. Wir sind von den blauen Bergen ins gelbgrüne, frühlingshafte Land gekommen. Das Land wird bewässert, Säfte können ihre Wirksamkeit entfalten. Die Antwort braucht nicht gesucht oder erkämpft zu werden. Wachsen, Keimen, aus den Schichten des organischen Lebens die Dinge auf sich zukommen lassen. Spielerische Freude über das Dasein. Nichts Bestimmtes fordern oder erwarten. Dies ist das Reich der Intuition, des tieferen Wissens aus dem Organismus heraus.

II Stäbe, III Stäbe

Um das zu erleben, mußt du schauen und warten lernen. Du kannst das Feld bestellen und säen, die Schiffe ausrüsten und aussenden. Danach ist Warten, Hoffen, Offensein, sich nach dem Wachsenden und Reifenden umsehen, liebevolles Beobachten *(Page of Wands)* nötig. Auch Fernweh und Sehnsucht haben hier ihren Platz.

Zwei Karten dieses Wartens haben wir hier. Für mich ist es einmal ein Warten des Vormittags, hart kalkuliert von Verstand und Wissen. Die kalten Berge sind so nah. Wenn anderes als das Erwartete geschieht, wird es als Unglück empfunden. Und das Warten des Abends. Arbeit ist getan. Angst ist überstanden. Man wird zufrieden sein mit dem, was man bekommen wird, als sei es von Gott als ausreichend zugemessen (gelb).

IV Stäbe

Und nun kommt es auf dich zu. Du bist eingeladen zu feiern, zu genießen, zu tanzen, dich zu freuen. Komm, laß dich auf uns ein. Sei Bruder, Freund, Kumpan. Du brauchst nur zuzugreifen und die wachsenden Kräfte zu nutzen, die Gott dir gegeben hat.

V Stäbe

Und dann ist es ein Sich-Einlassen, ohne daß du die Übersicht behältst. Für den einen ein Spiel, kann es für den anderen schon Kampf sein. Man neckt sich, man verwickelt sich in Verpflichtungen, Rücksichten, Risiken. Du bist mitten im Prozeß des Lebens und in der Gegenwart. Und die Zukunft ist offen.

VI Stäbe

Du bist Sieger geworden. Die richtige Chance im richtigen Moment, dazu gesunder Verstand und gute Kondition haben dich nach oben gebracht. Es ist erreicht. Andere sind da. Auch die Freunde haben Anteil an deinem Erfolg. Aber sie beginnen schon, auf dich zu sehen, und du genießt es ohne Bedenken.

VII Stäbe

Auch Erfolg kann zuviel werden. Zeit, aus der Höhe herunter zu kommen, das Herz zu öffnen, sich selbst bloßzustellen. Ich bin doch einer von Euch. Wir sind im selben Boot. Sonst zerbrechen die menschlichen Beziehungen an der Verteidigung der Macht des Besitzes, des Könnens. Jeder Freund macht dich mißtrauisch. Morgen kann er dein Feind sein. Verzichten, Verschenken, Offensein, echtes Lächeln werden nötig. Echte Beziehungen für wichtiger nehmen als alles andere.

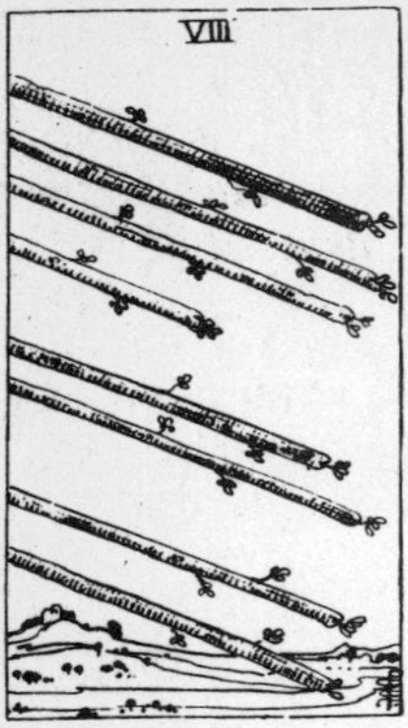

VIII Stäbe

Sonst verselbständigt sich der Prozeß. Die größer und größer werdende Firma frißt selbst den von Ämtern überhäuften Chef. Es geht um niemand mehr, nur noch um den Dienst an der Sache . . .

IX Stäbe

. . . während die Persönlichkeit erstarrt. Routine, Festgefahrenheit, Angst vor Verlusten, kein Risiko eingehen, Konservativismus, sich selbst im Wege sein, während der Prozeß des Wachsens weitergeht . . .

X Stäbe

. . . und die Last dessen, was getan werden muß, unerträglich wird. Der Held sieht den Weg nicht mehr, kann seinen Erfolg nicht heimtragen und genießen, sondern lebt unter Streß und sieht keinen Sinn und kein Ziel mehr. Nur alles fallenzulassen, kann ihn befreien.

As der Kelche

Und wieder ein As, ein neuer Anfang wird gemacht. Das Land tritt zurück und die Weite des Wassers öffnet sich. Wasserrosen streben aus der Tiefe, und aus dem Kelch fällt das Wasser. Auch die Taube fällt aus dem Himmel, bringt die Hostie zum Kelch. Friede ist eine Möglichkeit. Hingabe an die strömende, fließende Energie des Lebens, das sich verändert, so wie eine Quelle ohne Anstrengungen zum Fluß und zum Strom wird und sich schließlich im Meer verliert.

Auch die Ebene des Gefühls ist in den Karten der Kelche enthalten. Tränen, denen du dich hingibst, die du erlaubst, führen zur Reinigung, Heilung und Ruhe. Kämpfst du gegen sie, verletzt du dich selbst. Auch die Ebene des Besitzes ist enthalten, des Gebens und Nehmens, Festhaltens und Verschenkens. Offensichtlich ist der Kelch auch ein weibliches Symbol.

II Kelche

Ein einzelner Kelch kann sich an die Unendlichkeit verströmen. Zwei Kelche aber vereinigen sich zu einem Fluß. So ist die Karte II Kelche zwei Liebende, die sich in ihrem Gefühl gegenseitig öffnen und mitteilen, um gemeinsam zu genießen und zu fließen. Wenn der Kopf nicht alten Ängsten oder Wünschen folgt, sondern der Natürlichkeit, ist das Tier, der Trieb, der Engel, der das Zusammensein bestimmt. Im Hintergrund das kleine Heim, der geschützte Raum für die Begegnung. Aber auch an den Anspruch des Besitzes aneinander und an die Illusion von Treue und Versorgung läßt mich das denken.

III Kelche

Und was für ein Fest kann es sein, die Paarbeziehung neidlos und angstfrei zu öffnen. In einer kleinen Gruppe Gleicher zu geben, zu nehmen, mitzuteilen, zu feiern. Das Fließen der gemeinsamen Schwingungen wird ein ekstatischer Tanz.

IV Kelche
V Kelche

Und du kannst es verfehlen. Jeder Augenblick gibt neue Möglichkeiten. Wenn ich dem die Augen verschließe, verpasse ich die Chance, im Jetzt lebendig zu sein. Nichts läßt sich festhalten. Auf Zusammensein folgt Alleinsein. Kein Grund zur Trauer. Was heute ein Fest ist, ist morgen Routine, übermorgen eine Last. Wenn ich die momentane Möglichkeit nicht sehe, aus meiner Existenz meinen Genuß zu ziehen, bleibt nichts als Trauer, Sorge, Frustration.

VI Kelche

So denn hinein ins Hier und Jetzt! Suchen wir uns den geschützten Raum der Gruppe, der Landkommune, des Buddhafeldes, und lassen die alten Aufpasser einfach gehen. Lösen wir uns doch von dem Gelernten der Vergangenheit, spielen wie die Kinder mit den weißen Blumen der Unwissenheit und tauschen unsere Schätze aus. Es ist wie ein Traum, eine künstliche Welt . . .

VII Kelche

. . . und auf diesem Hintergrund werden die wirklichen Werte unseres Lebens sichtbar. Heimat, Vermögen, Ehre, Leib, der Freund fürs Leben, die heilenden Kräfte und die Beziehung zum Göttlichen . . .

VIII Kelche

. . . und irgend etwas fehlt. Manches ist gut und richtig, manches ist so, daß du es hinnehmen kannst. Aber das Leben hat eine Tendenz, offene Formen zu schließen, und so mußt du gehen und suchen, was dir fehlt. Der Mond nimmt ab. Bald wird es dunkel sein. Eile ist geboten.

IX Kelche

Und nun die IX für den, der meint, es erreicht zu haben. Nichts fehlt ihm. So legt er die Hände in den Schoß und wartet, was auf ihn zukommt. Nichts kann ihm geschehen. Doch über dem Gefühl: „Ich hab's ja" – bleibt nicht das Herz verschlossen? Habe nun Ruh', liebe Seele, du hast ausgesorgt für viele Jahre ...

X Kelche

Wer wirklich Zufriedenheit erreicht hat und in einen inneren Raum vorgedrungen ist, wo das Mit-Teilen an andere von selber geschieht, der strahlt seine Ruhe auch auf andere aus und schafft ein Milieu, in dem auch andere zufrieden werden können. Er fühlt sich zu Hause. Er gibt anderen einen Platz bei sich, ohne daß ihm selbst dadurch etwas abgeht.

As der Pentakel

Wieder kommen wir mit einem neuen Anfang in Kontakt. Der Diskus, die Scheibe, ist ein Symbol der Sonne und der Unendlichkeit. Der Fünfstern kann als Symbol für den Menschen verstanden werden. Zusammen ist es ein Symbol für Meditation, für die Möglichkeit des Menschen, sich mit dem Göttlichen in Beziehung zu setzen. Die andere Ebene ist die der einfach empfundenen Realität, wie es buddhistische Schulen meinen. Dasein und Offensein, ohne Gedanken, Gefühle, Ambitionen, der Welt mit innerer Klarheit begegnen.

Beim As bist du im Garten des Meisters, wo die weißen Blumen der Unwissenheit blühen, und der Blick auf den hellen göttlichen Berg auch durch blühende Hecken nicht verstellt wird, wenn du auf dem Wege bist. So geben die Karten der *Pentacles* die Möglichkeit in verschiedener Weise wieder, dem Göttlichen zu begegnen. Allerdings kann es aber auch mal nur um Geld gehen, und oft ist das bei unbewußten Menschen die einzige Deutungsmöglichkeit, die sie annehmen können.

II Pentakel

Wenn das Band der Unendlichkeit und Ewigkeit die Gegensätze der Dualität umschließt und verbindet, oben und unten, nein und ja, hinauf und hinunter, links und rechts, gut und böse, der das Leben unernst macht und mich von allem Vorgenommenen löst, bis das reine Erleben dessen, was geschieht, ohne Vorurteil möglich wird. Spiel das Leben und betrachte, was geschieht, wertfrei, und das Paradies ist offen.

III Pentakel

Die Kirche, die esoterische Tradition, die Schule, die den Menschen in die Pflicht ihrer Regeln nimmt, läßt den Menschen nach Anleitung und vorgefaßtem Plan an der Ausbildung eines „geistlichen" Menschen arbeiten. Abhängigkeit, Stetigkeit, der strukturierte Innenraum helfen, sich selbst zu erkennen, innere Ordnung zu schaffen. Eine notwendige Stufe. Ein Stehenbleiben hier läßt den geschützten Raum alsbald zur Totengruft werden.

IV Pentakel

Ein städtischer Mensch, gegründet in seiner Moral, lebt fest in der Tradition seiner Religion oder seines Konservativismus, erwartet ein ruhiges Leben in Rechtschaffenheit und Bürgersinn. Das sind alles nicht zu verachtende Dinge, deren Starrheit und Unveränderbarkeit leider eine weitere Entwicklung unmöglich machen.

V Pentakel

Auf der anderen Seite des Bürgers die Bettler, die vorbeigehen an den Chancen ihrer Erfüllung. Der eine glaubt zu haben und bleibt sitzen, während die anderen hilfesuchend umherirren, dabei aber die Chance nicht sehen, nicht an die richtige Tür klopfen. Spirituelle Sucher, Such(t)-Kranke, die auf ungewisser Reise irgendwo in der Kälte krank und abgerissen herumirren, bis die Suche sinnlos wird.

VI Pentakel

Und nun begegnen sie sich, der Bürger und die Bettler. Beide sind gleich, sagt die Waage des Gleichmaßes. Bürger, halte nicht fest, was du hast, sonst nützt es dir nichts! Bettler, öffne beide Hände und nimm, was du brauchst, ohne dich kleiner zu fühlen. Tätige Liebe als spiritueller Weg, die Härten des Schicksals oder des Gesellschaftssystems ausgleichen durch den Einsatz der eigenen Möglichkeiten, mit der Gefahr des Sichverbrennens oder Steckenbleibens in Organisation und etablierter Selbstgefälligkeit. Und immer werden welche da sein, denen nicht genug gegeben werden kann, oder die die Hilfe nicht annehmen.

VII Pentakel

Dem, der in tätiger Liebe sich bemüht, einen Schatz im Himmel zu sammeln, steht der gegenüber, der ohne Tun betrachtet, was Gott ihm an Heil wachsen läßt.

VIII Pentakel

Wieder steht dem Betrachtenden ein Tuender gegenüber. Er braucht keinen Herrn oder Lehrer, sondern beherrscht sein Handwerk, seine Kunst. Er ist als Schaffender selbst am göttlichen Schöpferwerk beteiligt. Energie aus der Unendlichkeit fließt in sein Werk. Ohne Bedenken und Probleme wird es größer und größer, und er ist selbst davon nicht mehr betroffen. Erfolg oder Mißerfolg, ihn geht's nichts an.

IX Pentakel

Und nun vergessen wir das ganze Problem einfach. Leben im Paradies. Der Vogel der fliegenden Gedanken sitzt zahm auf der Hand. Ruhe, Angekommensein im Garten des Meisters, im Paradies, wo alles, was du brauchst, da ist. Die Schnecke trägt ihr Haus, ihr Daheimsein, mit sich und geht sorglos ihren Weg. Die Gegensätze links und rechts, oben und unten sind noch vorhanden, kämpfen aber nicht, sondern ergänzen sich untereinander ruhig, organisch, natürlich.

X Pentakel

Und dann schließlich ist der Held zu Hause angekommen. Alles ist göttlich. Göttlichkeit ist überall. Niemand verwehrt ihm den Eintritt, freundlich wird der Held begrüßt. Liebe ist da, Offenheit, Zusammensein. Das Tier bekommt sein Recht und seinen Platz zu Füßen des Weisen. Das unbewußte Kind bekommt Geborgenheit. Nichts bleibt offen.

Die Persönlichkeiten

Ich habe die Hofkarten geordnet und vor mich hingelegt. In die obere Reihe die Schwerter in der Folge Page, Ritter, Königin, König. Nun bin ich dabei, einen Faden zu finden, an dem entlang ich über die Hofkarten erzählen kann, aber meine Augen springen von einem zum anderen, herauf, herunter, links, rechts, und viele, viele Beziehungen werden deutlich. Ich entscheide mich nun, von oben nach unten zu gehen. Wenn du aber nun die Karten ebenso auslegst wie ich, wird dir auch anderes bewußt, über das ich nun nicht schreiben kann, ohne den Zusammenhang in anderer Weise wieder zu sehr zu stören.

Page of Swords
(Page der Schwerter)

Dies ist der Page des Luftelements. Wenn ich ihn mit den anderen vergleiche, scheint er zu schweben und vom Wind vorbeigeführt zu werden. Seine Waffe hält er hoch, schaut sie aber nicht an. Sind seine Augen überhaupt geöffnet? Wird er mit dieser Waffe ein Ziel verfolgen können oder ist er ein Kind, das damit spielt, ohne Verantwortung zu spüren, ohne sich einer Gefahr bewußt zu sein?

Page of Wands
(Page der Stäbe)

Der Page des Feuers. Seine kleine Flamme am Hut, schaut er, was ihm wächst. Ich erlebe ihn neugierig, vielleicht skeptisch. Aber er steht fest in seiner verbrannten Landschaft unter der Energie der Sonne. Er blickt zu seinem Stab auf, so als ob er selbst unter seinem Trieb steht.

Page of Cups
(Page der Kelche)

Er steht fest auf einer Bühne, vom Wasser getrennt, das mehr gezeichnet als wirklich ist. Er schaut den Fisch an, der aus seinem Kelch herausschaut. Der Fisch, ähnlich wie die Wasserlilie, kommt aus dem Wasser, welches mit seiner unergründlichen Tiefe Symbol für das Unbewußte ist. Das Tier wird bewußt, es wird angesehen, aber der Page schaut abwärts, bleibt der Beherrschende. Der Kelch ist eine enge Grenze für den Fisch, verglichen mit dem Ozean, der ihm zukommt. Sowohl Kelch wie Fisch können sexuelle Problematik andeuten.

Page of Pentacles
(Page der Pentakel)

Ruhig wandelt er auf grünem, blühendem, fruchtbarem Boden, der bestellt werden könnte. In der Ferne der göttliche Berg. Seine Hände empfangen oder werfen und fangen das Pentakel, das er fast träumend betrachtet. Er hat es nicht einfach in der Hand.

Während der Page der Schwerter für mich unbewußt ist und mit Gedanken und Macht spielend, seine eigene Willenskraft nicht einmal benutzend, in der Welt noch gar nicht Fuß gefaßt hat, werden der Page der Stäbe und der Page der Kelche sich ihrer Möglichkeiten bewußt. Der Page der Pentakel mit dem Schatz des spirituellen Weges kann nicht einschätzen, was er da in die Hände bekommt. Doch ist er jung und offen und bereit, sich auf Erlebnisse ganz anderer Art einzulassen.

Laß den Pagen die kindliche Seite im Menschen darstellen, so ist der Ritter das Ich, der Wille, der über den Körper, das Pferd, herrscht, es benutzt, um sich mit der Welt auseinanderzusetzen.

Knight of Swords
(Ritter der Schwerter)

Er hetzt und treibt nicht nur sein Tier. Weillenskraft, Durchsetzungsvermögen, Härte der Argumente, Vernachlässigung aller Wärme und Aufmerksamkeit für das Wesen des anderen. So ist er ein echter, harter Kämpfer, der bis an die Grenzen seiner Leistungsfähigkeit seinen Körper auspumpt und aufopferungsfreudig sein Ziel gegen jeden Widerstand verfolgt. Er hat zu wenig Kontakt zu dem, was er tut, um nicht sich selbst und anderen bei seinem heißen Ritt zu schaden.

Knight of Wands
(Ritter der Stäbe)

Dieser Ritter, hat er nicht ein wahrhaft feuriges Roß? Es wäre kaum beherrschbar, wenn er nicht selbst ein ganzer Kerl wäre. Hat er ein Ziel, wird er es angehen. Hat er keins, wird er rein aus Spaß an der Bewegung herumtollen. Flammende, sich steigernde Energie, auch sexuelle, die aus göttlicher Quelle gespeist, sich nicht verbraucht. Doch sind vor lauter Überschäumen Auseinandersetzungen zwischen Roß und Reiter nicht ausgeschlossen.

Knight of Cups
(Ritter der Kelche)

Er läßt sein Tier gemäßigten Schrittes gehen. Er selbst sitzt ein wenig steif darauf. Hat er Angst, etwas aus seinem Kelch zu verschütten? Ist es ein Geschenk, das er zu übergeben hat? Mir scheint er ruhig, bedächtig, irgendwie wissend. Doch muß er noch über den Fluß, um zum Ziel zu gelangen.

Knight of Pentacles
(Ritter der Pentakel)

Dieser ist angekommen. Er läßt sein Tier stehen und sitzt ruhig und gelassen, seinen Schatz in der Hand. Die Landschaft ist bestelltes Land. Die göttliche Energie ist da, die Dinge wachsen zu lassen. Er kann sitzen und warten und sein Tier ruhen lassen. . .

In den Königinnen ist die weibliche Energie des Menschen symbolisiert dargestellt. Jeder hat ja seelisch wie auch körperlich seine männliche und weibliche Seite, die durch seine Erziehung verstärkt oder abgeschwächt werden können. Beide Seiten müssen aber ausentwickelt werden.

Queen of Swords
(Königin der Schwerter)

Ich erlebe sie offen, aber abgewandt. Starke Willenskraft ist da. Gefühle werden vom Kopf her gesteuert, vielleicht gespielt und für irgendwelche Ziele benutzt. Eine Herrscherin in einer gefühlskalten Ideenwelt. Die positive Seite dieser Königin kommt dann zum Tragen, wenn Lebensentscheidungen, Richtungsänderungen notwendig sind, die nun, nachdem klar ist, daß es sich nicht um reine Träume handelt, mit harten, praktischen Entscheidungen in Eindeutigkeit durchzuhalten sind.

Queen of Wands
(Königin der Stäbe)

Für mich ist sie ein Weib, das mit seinen Lebensenergien, auch den sexuellen, in Kontakt ist, davon fasziniert ist. Das Grünen an ihrem Stab und auf ihrer Krone ist selbstverständlich, und die offene, große Sonnenblume ist dem Betrachter zugewandt. Die Katze ist Symbol für sexuelle Energie. Sich jagen lassen, sich herumbalgen, sich genießen. Die Möglichkeit, nicht zur Ruhe zu kommen oder vor lauter Spaß am Dasein ein gestecktes oder aufgegebenes Ziel aus dem Auge zu verlieren, ist gegeben. Doch wenn die Vitalität groß ist und die Sorge klein, wenn kümmert's? Die Stab-Königin ist auch die Frau als Hexe. Ich meine das nicht abwertend. Wenn sie lernt, mit diesen Körperenergien bewußt umzugehen, steckt in ihr ein Wissen über die wahre Natur der Dinge. Sie ist mit tieferen Bereichen in Berührung und kann das für sich und andere einsetzen.

Queen of Cups
(Königin der Kelche)

Für mich ist sie die Jungfrau oder die frigide Frau. Sie trägt ein herrliches Gefäß, doch es ist geschlossen. Und sie schaut es an und ihr Gesicht drückt für mich Frustration aus. Die steinernen Kinder mit den Fischschwänzen deuten in dieselbe Richtung. Ihre Krone scheint ihr Haupt nach unten zu drücken. Mir kommen religiöse Assoziationen beim Betrachten dieses Kelches. Sie könnte eine Nonne sein und durch Arbeiten und Beten ihre depressive, lebensfeindliche Grundhaltung verstecken.

Queen of Pentacles
(Königin der Pentakel)

In liebevoller Betrachtung hält sie ihre Scheibe mit beiden Händen. Im Kontakt mit der fruchtbringenden Erde um sie herum, den göttlichen Berg in Reichweite, scheint sie zu ruhen, von alledem nicht betroffen. Sie ist in ihrer Mitte, und alles, was sie braucht, ist zu ihrer Verfügung.

Die Könige stellen die männliche Seite im Menschen dar, aber auch gleichzeitig eine Art „Angekommen- und Zuhausesein" in den Bereichen ihrer Elemente.

King of Swords
(König der Schwerter)

So ist der Schwert-König in der Luft und im Bereich des Denkens und bewußten Wollens zu Hause. Die stillen Bäume deuten an, daß die Luft, das Denken, zur Ruhe gekommen sind. Er kann mit Denken und Wollen zielgerichtet umgehen und beides mit Klarheit einsetzen. Er ist sich seiner Macht, seiner Möglichkeiten bewußt. Was ihm fehlt, ist Beweglichkeit und Wärme.

King of Wands
(König der Stäbe)

Das ist der Feuerkönig mit der Energie des Wachsens. Der Löwe und der Salamander sind seine Symbole. Der Löwe als König der Tiere steht für die Tierenergie, die sexuelle Energie, die für den Stab-König selbstverständlich ist. Vom Salamander wird erzählt, daß er durch das Feuer ging, ohne darin umzukommen. So kann er für den unsterblichen Teil des Menschen stehen, der durch alle Schicksalsschläge unverändert lebendig bleibt. Dem Stab-König gibt dieser Aspekt Unbedenklichkeit und Freiheit.

King of Cups
(König der Kelche)

Er ist im Element des Wassers zu Hause. Der Fisch und das segelnde Schiff sind seine Symbole. Offen, klar und weich, als ruhiger Betrachter akzeptiert er die Welt der Gefühle und den ständigen Wechsel im Auf und Ab. Dazu ist er Herr über die Kräfte des Unbewußten und weiß sie zu nutzen. Dadurch wird er unter den Königen derjenige, dem die heilenden Kräfte zur Verfügung stehen.

King of Pentacles
(König der Pentakel)

Der König des Erd-Elements mit dem Stier als Symbol trägt sein Pentagramm in der linken Hand auf der Seite des Herzens. Seine Rechte trägt einen Stab mit einer Kugel, dem Zeichen der Ganzheit. Fruchtbarkeit ist um ihn herum. Sein Mantel, mit Weintrauben geschmückt, mit den Früchten des spirituellen Weges, läßt ihn fast in der Umgebung verschwinden. Auch die Festung im Hintergrund deutet das Zuhausesein an.

Der Mensch wurde auf eine Reise geschickt.
Er scheint heimatlos zu sein, da er ein Zuhause
in seinem Wesen finden muß. Er scheint entwurzelt zu sein, da er
einen reicheren Boden für seine Wurzeln finden muß.
Es ist nichts anderes als ein Streben der Natur
nach einer höheren Harmonie, einer stärkeren Entfaltung, einer
größeren Ekstase.

Bhagwan Shree Rajneesh

Der Weg des Meisters

Die 22 Großen Magischen Karten verstehe ich als innere Reise, als 22 Stationen der Begegnung mit dem Göttlichen. Jede dieser Karten kann immer wieder zur Meditation benutzt werden, um die Vielfältigkeit dieser Begegnungen zum eigenen Wachstum zu nutzen und mehr und mehr im Einklang mit den göttlichen Energien zu leben.

Lege *The Fool* und die Weiße Karte oben hin und ordne darunter in drei Reihen 1-7, 8-14, 15-21. Jede Karte ist eine Stufe, eine Energie, ein Archetyp. Sie muß gelebt, erfahren, verstanden und verlassen werden, damit die Reise weitergeht.

Die Weiße Karte

Nichts, Nicht-Sein, Nirvana. Die weiße Leinwand, auf die alles projiziert wird, was ist. Reine Energie, in der alle Farben enthalten sind. Ausgangsort und Ziel. Es gibt keine Begegnung, weil weder Begegnender noch Gegenüber vorhanden sind.

The Fool
(Der Narr)

Die erste Begegnung auf unserer inneren Reise ist die mit dem Narren. Das bunte Kleid mit den Zeichen der Sonne, geringe Habe am Stecken auf dem Rücken, die weiße Rose der Unwissenheit in der Hand, läuft er, ohne zu sehen, den Bauch voran auf den Abgrund zu.

Der Mensch, der aus der Lebensenergie der Sonne heraus unbewußt lebt, seinem Bauche folgt, noch kein Bewußtsein über sich selbst entwickelt hat, ist dem Göttlichen sehr nahe, ist unschuldig, wie man von Kindern sagt. Doch sein Sturz ins Tal des Erdenlebens ist schon unvermeidlich vorgegeben. Ist er einmal geboren, wird er auch ein Bewußtsein über sich selbst entwickeln müssen. Adam, der geschaffen ist, aus dem Paradies herauszufallen. Und er fällt in die Reihe der ersten sieben Karten, die der Abhängigkeiten von der äußeren Welt.

The Magician
(Der Zauberer)

Da ist nun das Menschlein von der Ewigkeit in die Zeitlichkeit gefallen. Viel ist noch unbewußt, aber neben dem Weiß ist das Rot des Verlangens. Das Verlangen ist der Motor zum Tun, zum Trainieren, und in den wachsenden Kräften, im immer neuen Können, im Erreichen des Gewünschten liegt die erlebte Seligkeit. Ich tue, also bin ich. Der Zauberer steht auf der Bühne. Erfolg und Versagen werden möglich, da das Handeln bewertet wird. Adam, aus dem Paradies vertrieben, verändert die Welt, um sich das Leben angenehm zu machen. Heute können wir dieses, morgen werden wir mehr können. Die Energien der Welt liegen mir zu Füßen, damit ich mit ihnen meine Kunststücke mache.

The High Priestess
(die Hohepriesterin)

Sie ist die erste, die dem Handelnden Grenzen setzt. Tag und Nacht, Sommer und Winter, Land und Wasser, Handeln und Geschehenlassen, Nein und Ja. Mit dem Mond kommen und gehen die Wasser der Tide. Mal gehst du zu Fuß übers Watt, mal segeln die Schiffe. Die reinen Tatsachen des Augenblicks setzen dem Handeln Grenzen. Diese Grenzen sind göttlich (Tora), nicht menschlich. Hart und unpersönlich, wenn der Mensch dagegen angeht, wunderbar beschenkend, wenn er im Einklang mit ihnen lebt.

The Empress
(Die Herrscherin)

The Emperor
(Der Herrscher)

Mutter und Vater setzen dem freien Tun des Kindes die menschlichen Grenzen. Sie tragen die Stäbe des Regierens in den Rechten und thronen jeder auf seine Weise über dem Kind. Bei der Mutter ist Wasser des Gefühls und Korn des täglichen Brots. Du bist versorgt.

Beim Vater herrschen Erde, Metall und Feuer. Er gibt Stärke und Willenskraft. Doch die Berge scheinen abweisend und drohend. Der Schutz durch die gebende Gefühlswelt der Mutter und die strenge, aber stärkende Machtwelt des Vaters ist für das Kind notwendig. Wehe dem, der ihnen entbehren muß. Aber auch wehe dem, dem nicht erlaubt ist, sich rechtzeitig davon zu lösen und selbstständig seinen Weg zu gehen.

The Hierophant
(Der Hierophant)

Der Lehrer, die Schule, die Gesellschaft wollen den Menschen mit ihrer Welterklärung konfrontieren, gleichmachen und anpassen. Wahrheit ist dort nicht zu finden, aber Wahrheiten, und zwischen allem anderen Drumherum sind auch mal Schlüssel versteckt, mit denen zu ganz anderer Zeit Wesentliches geöffnet werden kann.

Außer der mütterlichen und väterlichen Autorität melden sich nun die gesellschaftlichen Mächte zu Wort, die Gemeinschaft, der Staat, die offizielle Religion mit dem, was man zu tun und zu lassen hat.

The Lovers
(Die Liebenden)

Und nun meldet sich die Natur mit ihrem ewigen Gesetz, und der Trieb zum anderen Geschlecht erwacht und sucht sich sein Ziel. Und das Göttliche ist dort, wo der Mensch dem nachgibt und Erlebnisse und Erfahrungen sucht, mit offenem Herzen und offenen Armen. Die Schlange ist erwacht und treibt den Menschen ins Erwachsenwerden, heraus aus den gelernten Wertungen der Kinderwelt. Der Berg Gottes ist zu sehen. Der Engel segnet mit seiner Energie das junge Paar. Der Weg aufeinander zu ist gleichzeitig ein Weg, sich zu erkennen, sich zu erleben und zu akzeptieren. Aber auch hier ist Anpassung nötig. Wie sehr verstellst du dich, den Liebhaber zu gewinnen. Wie abhängig bist du in deinen Stimmungen, ob dein Freund mit seiner Liebe da ist oder nicht.

The Chariot
(Der Wagen)

Dies ist der Karrieremann. Er sucht sein Glück im Machen, Sich-Durchsetzen. Er selbst bestimmt, wie sein Himmel zu sein hat, wem er gehorchen wird und wem nicht. Er beherrscht andere und am meisten sich selbst. Er läßt sich nichts durchgehen, was nicht zu seinem Image paßt. Er wird sein Ansehen bekommen. Dabei ist sein Herz in seinem Panzer eingeschlossen. Offenheit wird zur jovialen Geste. Der gewaltige Wagen ist ein Steinklotz, in dem der Lenker eingeschlossen ist. Auch die Löwen ruhen, wie versteinerte Zaubertiere. Männliche Pose, zur Unfruchtbarkeit verdammt, weil sie die eigene Natur zu unnatürlichen Zielen mißbraucht.

Dies sind die Stufen des eigenen Wollens und der Abhängigkeit von der Außenwelt. Die natürlichen Gegebenheiten, die Mutter, der Vater, die Gesellschaft, der Liebhaber und der Beruf. Alle diese Bereiche können so erlebt werden, daß ich mein Wohlgefühl davon abhängig mache, daß hier Veränderungen geschehen, die ich kaum beeinflussen kann und für die ich letztlich nicht verantwortlich bin.

Solange ich so empfinde, muß ich mich an die anderen anpassen, es ihnen recht machen, ihre Liebe, Zuwendung, Beachtung, Belohnung erkaufen, sie beachten und sie beeinflussen. Ich werde kämpfen, politisch sein, freundlich sein und meine eigenen Gefühle zurückstellen. Was bleibt, ist die Sehnsucht nach Veränderung, doch auch die wird oft von den anderen oder den Umständen erwartet.

Die zweite Reihe von sieben Karten ist der Weg zur Unabhängigkeit von den anderen, von der Außenwelt.

Strength
(Stärke)

Die Stärke entsteht eben nicht durch Willenskraft, die die eigene Natur überspielt, antreibt oder unterdrückt. Sie entsteht aus der Liebe zu sich selbst, wenn der Mensch das Menschentier akzeptiert und ihm selbst gibt, was er braucht. Der Mensch findet seine Stärke im bewußten, liebenden und akzeptierenden Hineingehen in den Tempel des eigenen Körpers, im Genießen und Sich's-Gefallenlassen, bis hinter dem Vergänglichen das Unvergängliche erkannt wird.

The Hermit
(Der Einsiedler)

Im Eremiten treffen wir die geistige und meditative Ebene derselben Liebe zu sich selbst. Um seine inneren Abhängigkeiten zu erleben, muß er sich äußerlich unabhängig machen und alleine, ungestört sein, damit er nun sich selbst begegnen kann. Er betrachtet sein Licht, seinen Stern, seine Seele in ihrem Gefängnis, dem Körper. So ist er in meditativem Kontakt mit sich selbst und braucht niemanden. Er macht sich los von Vater, Mutter, Lehrer, Partner, Welt und sucht das eigene Licht in seinem Innern. Nur so kann er den ruhigen Punkt in sich finden, der ihm Halt für die weitere Reise gibt.

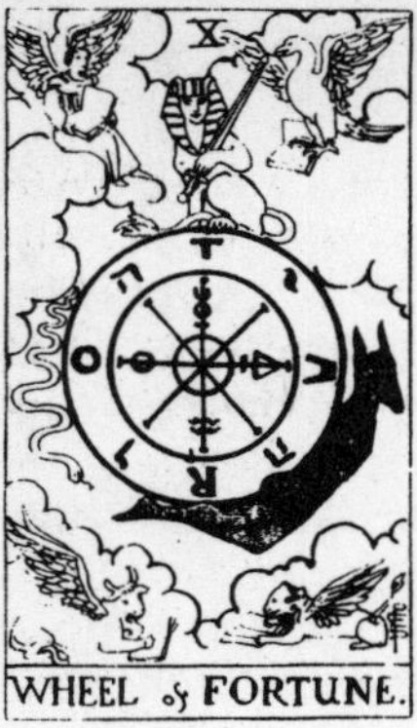

Wheel of Fortune
(Lebensrad)

Denn nun muß um diese innere Mitte sich drehend und im Bewußtsein der alles umfassenden göttlichen Energien ein neues Gesetz aus der inneren Welt geschaffen werden. Das steinerne, alte Gesetz, von Eltern und Gesellschaft aufgepflanzt, tief eingewurzelt in das eigene Denken, muß fallen. Stattdessen soll das Menschentier sein Recht bekommen, und der Mensch muß lernen, den wiederentdeckten individuellen Impulsen zu folgen.

Justice
(Gerechtigkeit)

Und dann ist es Zeit, aus der Meditation heraus im äußeren Leben die der eigenen Individualität gemäße Ordnung zu schaffen. Die rechte Hand schafft Entscheidungen, dies zu tun, jenes zu lassen. Vieles muß tatkräftig geändert werden, wenn der Mensch sich nach seiner inneren Wirklichkeit ausrichtet. In der Linken trägt Justitia die Waage des Gleichmaßes. Die Gegensätze ruhen in der Mitte. Alles ist gleich-gültig in dem inneren Raum, in dem die Gegensätze sich zu einer gemeinsamen Gestalt einen. Von diesem Bewußtsein aus wird der Mensch auf dieser Stufe handeln.

The Hanged Man
(Der Hängende)

Und was ich nicht ändern kann, das muß ich ertragen. Ich muß aufhören zu kämpfen und akzeptieren, daß ich nicht gewinnen kann. So ist es. Ich muß es bejahen lernen, mir gefallen lassen, dankbar hinnehmen, sogar als Chance sehen, was andere als Belastung empfinden. Das Leben wird mir Schmerzen bringen; das ist unvermeidlich, solange ich an dieses Holz, diesen Lebensbaum, diesen Körper gebunden bin. Der Hängende aber ist ein ruhiger Beobachter, der sich mit dem Leidenden nicht identifiziert, der ruhig zuschaut, ohne zu werten, ohne zu urteilen, ohne Angst. Er vertraut der göttlichen Energie und nimmt, was immer er bekommt.

Death
(Tod)

Von nun an wird der Mensch, wie er bisher war, nicht mehr sein. Er wird nicht mehr gefunden werden. Tot sind alle allgemeinen Vorstellungen, wie der Mensch ist, wie er zu sein hat, wie sein Leben zu sein hat. In Leiden und Schmerzen wird von alledem, was nicht der Mensch selbst ist sondern die Gesellschaft in ihm, auch von der übernommenen Ideologie oder Religion, Abschied genommen. Kein Vater, kein Bischof, kein Chef, keine Mutter oder Geliebte bleibt im Innern übrig, ihn zu regieren. Er reagiert nicht mehr nach gelernten Verhaltensmustern.

Nur das unbewußte Kind ist nicht getroffen. Die Seele, die vor aller Erziehung aus dem natürlichen Wissen heraus auf die Dinge der Umwelt antwortet, wird frei.

Temperance
(Mäßigkeit)

Der Mensch ist nun in Kontakt mit seinen wirklichen Energien, weil ihn Moral und angelernte Bedenken, übernommene Reaktionsweisen nicht mehr hindern, sich voll auszuschöpfen. Herrliches, freies Gefühl, wie ein Gott sein Handeln offen selbst zu bestimmen, mit den Energien des Lebens zu spielen, den Augenblick offen zu genießen, in ihm zu fließen im Bewußtsein des inneren Gleichmaßes, das Göttliches und Reales verbindet. Der Weg ist offen, weiter und weiter zu gehen.

Und doch wird der Weg nicht gegangen. Denn auf dem Weg zu mir selbst im Gegensatz zu den Abhängigkeiten von der Außenwelt ist eine innere Abhängigkeit entstanden, die von mir selbst. Hab ich mich von den anderen gelöst, so hab ich mich doch selbst zum Maß aller Dinge machen müssen. Auf dem Weg zum Göttlichen ist dies eine wichtige Stufe, die aber auch wieder verlassen werden muß.

Sind in der ersten Kartenreihe Eltern und Lehrer die Führer auf dem Weg, und sind es in der zweiten Psychotherapeuten, Wachstumsgemeinschaften und spirituelle Lehrer, die helfen können, so wird in der Reihe der letzten sieben Karten der Meister notwendig, der den tief gefühlten Bezug zum Göttlichen herstellen kann.

The Devil
(Der Teufel)

Auf dem Weg, mich nach mir selbst zu richten, habe ich mich selbst definiert. Ich bin so und so, im Gegensatz zu Vater, Mutter, Freund, im Gegensatz zu deren Erwartungen und Forderungen.
Und eben diese Vorstellungen, ich sei so und so, werden nun Grenzen für mein Sein, für weiteres Wachsen, für meine Offenheit der Realität gegenüber. Göttliche Lebendigkeit in meinem Sein wird eingedämmt, gehindert durch die Vorstellungen, die ich über mich entwickelt habe. Ich spalte mich von der Welt. Hier ist Ich, hier ist Nicht-Ich. Aus dieser Begrenztheit entsteht Leiden. Ich leide an mir. Andere leiden an meiner Nichtoffenheit. „Lieber Gott, ich danke Dir, daß ich nicht so bin wie die anderen." Bei genauerem Hinsehen werden die Vorstellungen, wie ich sei, zur aufgebauten Fratze, deren Aufrechterhaltung viel Energie kostet und mich auch gegenüber anderen gewalttätig werden läßt. Die Mauern meines Gefängnisses heißen Angst und Scham. Definiere ich mich als König, muß ich Angst haben, das Reich zu verlieren. Definiere ich mich als Bettler, werde ich verschleudern müssen, was immer ich erlange, da mir Besitz als schlecht erscheint. Definiere ich mich als Heiligen, wie groß muß die Angst sein, daß Unreines ans Licht kommt. Bin ich Vater, was kann schlimmer sein, als daß die Söhne das Haus verlassen.

The Tower
(Der Turm)

Und der Schlüssel des Gefängnisses heißt Vertrauen. Nicht in Dinge, Personen, Umstände. Das ist bei genauem Hinsehen alles in ständiger Veränderung. Gottvertrauen, Vertrauen in die Existenz, offenes Ja zu allem Wandel um mich und in mir. „Alles, was ich bekomme, ist nichts als Deine Gnade." Nur mit großem Vertrauen kann ich erlauben, daß die von mir selbst geschaffenen Grenzen fallengelassen werden, auf die Gefahr hin, daß ich verrückt werde oder mein äußeres, bürgerliches Leben zerstört sehe. Die Krone, das Ego, der Trotz, die Vorstellungen, was oder wie ich sei, alles, was mein Ich ausmacht, hat zu fallen.

Nicht nur Mutter und Vater verlassen das Haus, auch die Identifizierungen als Mann und als Frau, selbst die Identifikation mit dem eigenen Körper, werden fallengelassen. Alles künstlich Aufgebaute soll bereit sein, zerstört zu werden. Nur das natürlich Gewachsene wird vom göttlichen Blitz verschont. Der Mensch wird zum fließenden Prozeß. Nichts Festes, an das er sich halten könnte, bleibt. „Ich weiß nicht, wer ich bin und was dieses Leben für einen Sinn hat." – „Ich weiß nicht, wozu ich den ganzen Weg eigentlich gegangen bin."

The Star
(Der Stern)

Der Mensch erlebt sich als fließenden Prozeß von Lebensenergien. Freude am bloßen Dasein, anstrengungsloses Wirken aus dem, was in diesem Augenblick eben ist. Er gibt sich ins Leben hinein, ob er gebraucht wird oder nicht. Schutzloses Offensein, während die Gedanken ruhen. Einfach da sein, wie ein Teil des Himmels, sei es Tag oder Nacht, sei es sinnvoll oder nur Spiel.

The Moon
(Der Mond)

Und nun beginnt ein neuer Teil der Reise. Im Kommen und Gehen der Energien, im Auf und Ab des Weges, geht der Mensch mehr nichtwissend als wissend seinen Weg, näher und näher dem Göttlichen zu. Er sucht es, so wie ein Hund seinen Herrn sucht, immer wieder in Ängsten Schutz suchend, neues Image aufbauend und verlassend. Mal ist der Weg offen, mal versteckt. Mal geht der Krebs rückwärts oder bleibt stehen, mal stürmt er vor. Das Wachsen führt durch viel Angst, Stillstand, Verworrenheit.

The Sun
(Die Sonne)

Und in der Freude liegt das Ziel. Das innere Kind, nichtwissend-weise, mit der Kappe des Narren, nackt und offen, voller Wonne, sitzt auf dem Pferd, dem herrlichen Körper, dem sich wandelnden Lebensprozeß vertrauend und feiernd, wo er es hinträgt. Kein alter Verstand, kein alter Adam mischen sich ein. Die blühende Mauer schützt das Kind vor jedem Zuviel der göttlichen Energie.

Judgement
(Auferstehung)

Alle sind da und treffen sich. Der Mann, die Frau, das Kind, der Engel. Dem Menschen wird bis ins Innerste bewußt, daß er mit allem und dem Göttlichen eins ist. Aller Gegensatz verschwindet in der göttlichen Liebe. Selbst der Gegensatz von Tod und Leben ist nicht mehr existent, wenn der Mensch wirklich die göttliche Realität sieht.

The World
(Die Welt)

Alles ist eins, ist Gott. Tanzend im gegebenen Lebensraum, von der Gottheit vollkommen umgeben, ohne Anstrengung selbst ein Geschehen sein, von Verlangen und Ängsten frei, so findet der Mensch die große innere Ruhe. Er ist angekommen, wo er schon immer war, im eigenen Sein. Das bloße Sein ist seine Weisheit, seine Narrheit, sein Dharma, sein Tao, sein Paradies.

Von allen, die auf Erden ich gekannt,
Ich nur zwei Arten Menschen glücklich fand:
Den, der der Welt Geheimnis tief erforscht,
Und den, der nicht ein Wort davon verstand.
(Omar, der Zeltmacher)

Spiel Tarot

Zwei Dinge sind keine Gegensätze: ein heiteres, offenes, unernstes Spielen mit den Karten und ein klares Umgehen damit. Außerdem mache ich es so, daß ich alles Spiel nenne, was spielerisch wie nebenbei geschieht, ebenso wie alles, was, egal wie ernst es genommen wird, eben Regeln hat.

So ist es ein Spiel, wie ich mein Tarot-Deck aufbewahre und wie ich es benutze. Einfach weil ich dabei Regeln habe. Ich werde mich meistens daran halten, oft sogar sehr genau. Denn irgendetwas ist schon an meinem Spiel hängengeblieben von den vielen Auslegungen und den Begegnungen mit Menschen, auch von den schnellen Fragen zwischen Tür und Angel.

In meiner Wohnung habe ich einen Platz auf einem Bücherregal, den ich als „heiligen" Platz hergerichtet habe. Alle Bilder und Gegenstände, die in ganz besonderer Weise mit meinem Weg zu mir selbst oder mit meiner Arbeit für andere verbunden sind, werden dort wie ein kleiner Altar aufgebaut, dazu immer auch Kerzen und Blumen. Mir hilft das zur Meditation. Dort ist auch der Platz für mein Tarot-Deck.

Die Karten sind in einem passenden, hübsch verzierten Kästchen, und unter diesem Kasten liegt zusammengelegt ein Tuch. Daneben liegt ein Eßstäbchen, das in einem besonderen Augenblick zu mir gekommen ist und das ich als Zeigestock benutze. Auf den Holzkasten habe ich eine kleine Bronzefigur eines tanzenden Krishna gestellt.

Wenn ich die Karten benutzen will, nehme ich Karten und Krishna in eine Hand, und Tuch und Stäbchen in die andere. Dann gehe ich zu dem Platz, wo die Begegnung stattfinden soll. Das kann am Tisch oder auf dem Boden oder auf dem Bett sein, ganz wie es gerade richtig ist. Nun wird zuerst das Tuch ausgebreitet und das Kästchen und die Krishnafigur einzeln an eine Seite des Tuches gestellt. Vielleicht brauchen wir noch eine Kerze, eine Blume, Aschenbecher, Räucherstäbchen und Teetassen. Manchmal ist es gut, Papiertaschentücher unauffällig in Reichweite zu haben. Auch können ein Ring oder eine Brosche des Gegenüber mit auf dem Tuch liegen.

Ich will auch nicht verheimlichen, daß ich mich immer so setze, daß ich die Uhr im Auge behalten kann. Mir geht nämlich immer mein Zeitgefühl verloren, wenn ich mich auf einen anderen einlasse. Erst wenn ich sicher bin, daß keiner von uns aufstehen muß, bis die Runde beendet ist, öffne ich den Kasten und lege den Kartenstoß vor mich. Dann bin ich offen für die Begegnung.

Natürlich ist das auch ein Stück Hokuspokus, der nicht schadet, solange ich ihn nicht mit langem Gesicht betreibe. Dieser „Aufbau“ hat aber immer den Vorteil, daß er die Aufmerksamkeit auf die Karten und das Geschehen hier und jetzt lenkt und die Besonderheit des Augenblicks hervorhebt. So bin ich selber und auch der andere zu einer größeren Offenheit bereit gegenüber den Dingen, die aus den unbewußten Bereichen hervorkommen werden.

Unsere westliche Welt ist ja arm geworden an Ritualen und Formen, die uns einfach ein wenig Halt von außen geben. Wir können uns nun neue Rituale machen, ein bißchen praktisch, ein bißchen Spiel. Wir machen es jetzt einfach so! Morgen können wir das ändern, wenn uns was anderes einfällt. Wenn du bewußte Erfahrungen mit Ritualen machst, wirst du spüren, welche Kräfte durch sie frei werden.

Warum gerade der tanzende Krishna? Ganz einfach, in einem Laden in Indien verliebte ich mich in ihn. Dann nahm ich ihn fürs Tarot, weil er spielerisch aussieht und nicht so starr wie ein sitzender Buddha.

Du kannst das nun machen, wie du es liebst, oder wie es praktisch für dich ist. Ein Bild, ein Edelstein, ein Ring, irgendetwas „Heiliges“ oder besonders Schönes könnte es sein. Vermeide aber nicht, das Tuch zu benutzen. Es soll einfarbig sein, vielleicht einen hübschen Rand haben und waschbar sein. Außer, daß es hilft, eine Art Tarot-Welt zu schaffen, die die Konzentration auf das Spiel erleichtert, kann es auch die Karten vor nicht ganz sauberen oder rauhen Tischen und Böden schützen. Die Karten werden also nur in die Hand genommen oder auf das Tuch gelegt. Leute, die behaupten, es zu wissen, sagen, es soll aus Seide sein.

Wenn du in diesen Dingen sensibler geworden bist, wirst du vielleicht spüren, daß das Tuch auch die Karten vor zerstörerischen Energien der Umgebung schützt. Das sind Erfahrungen, über die schlecht gesprochen werden kann, weil sie nicht Allgemeingut sind. Doch muß ich eins sagen: Verleihe die Karten nicht! Du arbeitest damit und die, die du berätst, niemand sonst. Es gibt vielleicht auch ein Spiel, das von einer ganzen Familie oder einer Gruppe benutzt wird. Das ist dann aber für Beratungen nicht geeignet. In unserem Übungskreis werden die Karten auch innerhalb des Raumes von verschiedenen Leuten benutzt und anschließend vom Eigentümer nachgezählt. Er berührt dabei jede Karte wieder. Du verleihst sie nicht. Kein Warum.

Auch eine andere Entscheidung ist zu treffen, bevor du dein Spiel in Gebrauch nimmst. Was soll mit der weißen Karte geschehen? Manche lassen sie beim Lesen weg, haben sie aber immer beim Spiel, damit sie eine ähnliche Energie hat wie die gebrauchten Karten, falls mal eine nachgezeichnet werden muß. Man kann damit auch beim Lesen mal den Teil einer Karte abdecken, wenn damit etwas verdeutlicht werden kann. Ich persönlich lasse sie im Spiel. Taucht die Karte auf, bekommt sie dann den Sinn, der beim Anblick der leeren Karte hochkommt. Mach das ganz wie du es für gut hältst.

Zu den Karten benutze ich auch immer ein Zeigestöckchen. Ich erzählte dir, daß ich ein Eßstäbchen benutze. Es könnte auch eine Feder sein, ein Stöckchen oder eine Wurzel, eine Stricknadel oder ein Brieföffner, solange er nicht zu aggressiv aussieht.

Wenn ich mein Spiel mitnehme – am Anfang hatte ich es ein halbes Jahr lang fast täglich bei mir – sind Karten, Kästchen, der Stab und die Krishnafigur in das Tuch gewickelt und ein hübsches Band darum gebunden. So sind die Karten immer geschützt und griffbereit.

Nun kann ich überall mein Spiel auspacken und für mich oder andere die Karten befragen. Das Tarot selbst ist nicht auf nur private Räume angewiesen. Das schlichte Tuch ist genug. Wer sich danach fühlt – und oft sind es die lockeren und offeneren Menschen, die es versuchen – kann das Tarot fast überall einsetzen. Parkbänke, Kaffeehäuser und Märkte sind manchmal wunderbare Plätze.

Bevor ich mich aber außerhalb privater Räume auf ein längeres Kartenlesen einlasse, achte ich auf zwei Feinde. Der eine ist der Wind, der gerne Karten unter freiem Himmer aufwirbelt und hoffnungslos verweht. Und der andere sind das Bierglas oder die Kaffeetasse, die mir leicht mal auf das Spiel tropfen. Andere Störer, wie Kellner, Passanten usw. nehme ich selbst gerne in Kauf. Mein Gegenüber weiß ja selbst, wo wir sind und daß das eben keine panz private Situation ist. Allerdings darfst du, wenn du dadurch in deiner inneren Ruhe gestört bist und aggressiv wirst, keine ernsthaften Beratungen machen. Du bist dann nicht mehr offen genug. Wenn du dann jemandem Geld abnimmst, selbst aber nicht klar arbeiten kannst, und der andere nicht bekommt, was er für sein Geld erwarten kann, haben wir einen Gegner des Tarot mehr.

Andererseits, warum nicht mit einem Freund, der Vertrauen in dich und das Tarot hat, ohne Geld zu verlangen in einer solchen Situation einfach üben? Du solltest dir nicht die Erfahrung sparen, am Wirtshaustisch, auf der Wiese im Park oder auf einem öffentlichen Platz zu arbeiten, wo dir Leute über die Schulter gucken, lachen, lästern und Zwischenfragen stellen und dir Rauch ins Gesicht blasen. Wenn du da klar und von deiner Mitte aus im Kontakt mit deiner Intuition arbeiten kannst, Störer freundlich, aber bestimmt zu ruhigen, interessierten Zuhörern machen oder zum Fortgehen bestimmen kannst, und Fragen auf später verweist und sie dann einfach und selbstverständlich beantwortest, dann werde ich zu dir als Tarot-Leser bestimmt Vertrauen haben. Und mancher hat nach ein paar bescheidenen Anfängen sich bald mehr als ein Bier oder ein Abendessen in solchen Situationen verdient.

Mehr Vertrauen in die Karten

Doch ich will noch etwas mehr davon erzählen, was du zu deiner Einübung in die Welt der Karten tun kannst. Such doch mal ein paar Gegenstände zusammen, die in Beziehung zu bestimmten Personen stehen oder zu einem bestimmten Lebensabschnitt von dir gehören. Einen Brief, einen Ring, eine Fotografie, ein Geschenk, ein Zeugnis.

Nun breite dein Tuch aus, mische das Spiel, lege es aus, lege die Gegenstände auf das Tuch, zieh eine Karte für jeden Gegenstand. Dann schaue, was die Dinge mit den gezogenen Karten zu tun haben. Ich kann dir Überraschungen versprechen.

Warum nicht an einem arbeitsfreien Tag das Tarot den ganzen Tag bestimmen lassen? Rasch, aus einer Karte:

Ich stehe vom Schreibtisch auf. Werde ich jetzt im Haushalt Ordnung machen oder eine Runde spazierengehen?

VIII Pentakel – Also erst der Abwasch.

Nach dem Abwasch. Was werde ich jetzt tun?

VI Pentakel – Ich werde also einkaufen gehen.

Gerade komm ich vom Einkauf zurück, da läutet das Telefon. Eine Bekannte macht heute eine Fete. Eigentlich habe ich keine rechte Lust. Ich sage, ich schau in meinen Terminkalender, stattdessen ziehe ich eine Karte.

V Pentakel – Ist heute Pentakel-Tag? Woran gehe ich denn vorbei?

V Stäbe – Also ich sage, daß ich komme. Ich werde eben einfach dabei sein, ohne was Bestimmtes zu erwarten oder zu erhoffen.

Ob ich rasch noch ein paar Blumen an der Ecke kaufe?

Königin der Pentakel – Also ein Strauß darf es sein. Dann mache ich die Blumen fertig, esse eine Kleinigkeit. Das Wetter ist herrlich. Was wird denn nun aus dem Spaziergang?

Page der Stäbe – Also kein ausgedehnter. Außerdem werde ich darauf achten, was es zu sehen gibt. Jetzt ist Stab-Tag geworden.

Ich bin nach einer halben Stunde zurück. Das war schön. Was jetzt?

VI Kelche – Ich rufe eine Freundin an, um ihr ein paar nette Sachen zu sagen. Ihre Stimme klingt deprimiert. Ich ziehe eine Karte für sie:

VI Schwerter – Sie wird wohl wieder Ärger mit ihrer alten, unverträglichen Mutter gehabt haben. Und eine, was ich für sie tun kann:

Lebensrad – „Du, deine Stimme hört sich so an, als wenn du dir wieder alte Sachen reintust." (Die Urteile anderer Leute über dich annimmst). Ich lasse sie erzählen und achte darauf, daß sie langsam die negativen Urteile über sich relativiert. Zum Schluß ist sie ganz ruhig und offen.

Ob ich mich wieder an die Schreibmaschine setze, um über das Tarot zu schreiben?

IV Kelche – Ist das die richtige Karte?

Der Zauberer – Also erst einen Kaffee richten für nebenbei und dann gleich weiterarbeiten, bis es Zeit ist, zur Fete zu gehen.

Die Frage ans Tarot

Nun sitzt du mir gegenüber, das Tuch ist ausgebreitet und alles so angeordnet, wie ich es im vorigen Kapitel beschrieben habe. Nun nehme ich die Karten aus dem Kästchen. Sie sind so gelegt, daß alle Kopf- und Fußseiten übereinstimmen, weil ich ja keine Rücksicht darauf nehme, ob die Karte aufrecht oder verkehrt herum erscheint. Nun kann ich sie sorgfältig mischen. Ich werde sie nie von dir mischen lassen. Du kannst sie abheben oder ich gebe dir die Karten in die Hand und lasse sie dich spüren und mir dann zurückgeben. Wenn ich den Eindruck habe, daß du wenig Vertrauen in die Karten hast, werde ich dir den Stoß in die Hand geben und dich auffordern, das Deck Karte für Karte in drei getrennten Stößen auf das Tuch zu zählen. Du hast dann, bevor das Spiel beginnt, mit jeder Karte Kontakt gehabt. Dann lege ich das Deck wieder zusammen und breite es in einer langen Reihe, natürlich mit dem Rücken nach oben, so am Rand des Tuches aus, daß viel Platz für die Auslegung bleibt.

Nun kommt der wichtigste Teil der ganzen Arbeit: die Erarbeitung der richtigen Frage oder Fragestellung. Das Unbewußte wird umso klarer antworten, je eindeutiger gefragt wird. Ich muß dich also in wenigen Augenblicken soweit kennenlernen, daß ich in etwa eine Erwartung haben kann, was ich dir werde geben können. Dazu lasse ich in mir eine Möglichkeit aufsteigen, wie ich das Spiel beginnen werde. An dieser Vorstellung darf ich nicht festhalten, wenn sich später anderes anbietet.

Ich beginne etwa: Was ist nun deine Frage? Ober: Was willst du vom Tarot haben? Ich vermeide: Was kann ich für dich tun? Erzähl mir deine Sorgen!

Nun wirst du in der Regel nicht ganz klar sagen können oder wollen, was du brauchst, und ich werde durch Weiterfragen, z.B.: Was ist die Frage hinter dieser Frage? Oder: Lautet deine Frage vielleicht einfacher so. . .? zur Klarheit über das, was du willst, beitragen.

Erzählst du mir von allgemeiner Unzufriedenheit, ohne daß wir nach kurzer Zeit zu einer klaren Frage kommen, kann es notwendig werden, einfach zu sagen: Zieh eine Karte für deine Frage! Diese Karte wird dann den weiteren Verlauf des Spiels bestimmen. Das ist besonders in Situationen gut, wo Zeit gespart werden muß. Ansonsten bietet sich eben eines der großen Zehner- oder Siebener-Spiele an, die viele Lebensbereiche ansprechen und auf die ich noch kommen werde.

Ich bestehe immer darauf, daß eine Frage oder Problemstellung offen besprochen wird. Wenn der andere mir gegenüber die Frage nicht offen stellen will, glaube ich auch nicht an Offenheit dem Unbewußten gegenüber. Ich bitte also um klares Aussprechen der Frage. Manchmal werde ich erst nach einem allgemeinen Spiel, wenn mehr Vertrauen gewachsen ist, auf dem Formulieren der Frage bestehen, was dem anderen dann in aller Regel leicht fällt.

Das Deck liegt also mit dem Rücken nach oben lang ausgebreitet vor dir, und wir haben deine Frage formuliert. Jetzt werde ich dich auffordern, deine Augen zu schließen, deinen Mund zu öffnen und tief in den Bauch zu atmen. Wenn du einige tiefe Atemzüge gemacht hast, werde ich dich auffordern, die Energie in deiner linken Hand zu spüren, dann die Hand kräftig zu schütteln und wieder zu spüren. Erst dann werde ich dich so viele Karten mit der linken Hand auswählen lassen wie ich brauche. Und immer wirst du sie mir verdeckt geben, so daß es meine Sache ist, wann ich die Karte aufdecke.

Mache ich nun z.B. ein Spiel mit zehn Karten, kann es sein, daß ich mir erst zehn Karten geben lasse, sie mische und in einer zweiten verdeckten Reihe ausbreite, um dich dann daraus noch einmal ziehen zu lassen, oder daß ich gleich, wenn du Karte für Karte aus der großen Reihe herausziehst, verdeckt oder offen mein Spiel aufbaue. Das alles ist Sache meiner augenblicklichen Intuition.

Verschiedene Auslegungen

Spiel Nr. 1

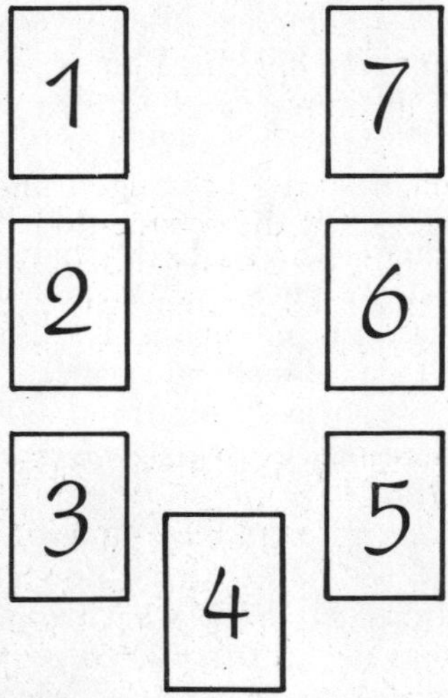

Nehmen wir an, ich baue mein Spiel mit 7 Karten auf, die du direkt aus dem Deck ziehst und mir in die Hand gibst. Ich lege sie dann in dieser Weise auf das Tuch:

Gib mir eine Karte für deine Vergangenheit (1), eine für die Gegenwart (2), eine für die Zukunft (3), eine für das, was zu tun ist (4), eine für die Energien, die dir von außen zu Hilfe kommen (5), eine für deine Hoffnungen und Befürchtungen (6), eine für das Ergebnis (7). Wenn diese sieben Karten erst gezogen werden, ich sie dann mische, ohne daß ich gesagt habe, wozu ich sie brauche, und noch einmal anbiete, kann die letzte Karte (7) auch die vermiedene Karte sein, die dann der Schlüssel des ganzen Lesens werden kann. Also lege ich die 7. Karte hin, ohne daß ich sage, wozu sie gezogen ist. Wenn ich den sicheren Eindruck habe, daß es sich um eine vermiedene Karte handelt, kann ich das Lesen darauf aufbauen, und vieles erscheint in anderem Licht.

Spiel Nr. 1a

Derselbe Aufbau, lediglich werden die ersten drei Karten für Kopf, Herz und Bauch gezogen. Ich werde diese Auslegung verwenden, wenn ich spüre, daß in der Frage die Beziehung zu einem anderen Menschen mit enthalten ist oder der Fragende mit sich selbst nicht im klaren ist.

Auf Platz (6) können statt Hoffnungen und Befürchtungen auch Energien von außen, die schaden oder behindern, also Hindernisse oder Feinde, gezogen werden. Das werde ich dann tun, wenn ich annehme, daß der andere wenig sich selbst beobachtet und es ihm leichter fällt, über äußere als über innere Hindernisse zu reden.

Spiel Nr. 2

Ein anderer Spielaufbau enthält 10 Karten:
Kopf (1), rechte Seite des Herzens (2), linke Seite des Herzens (3), Bauch (4), Vergangenheit (5), Zukunft (6), die Energie, mit der du auf die Welt zugehst (7), die Energie, mit der dir die Außenwelt begegnet (8), Hoffnungen und Befürchtungen (9), Ergebnis, vermiedene Karte oder Schlüssel (10).

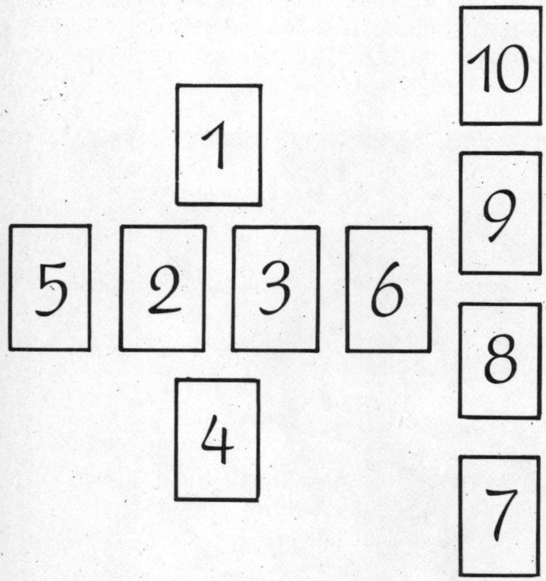

Spiel Nr. 3

Ein anderer Spielaufbau mit 10 Karten, der besonders bei Fragen, die die Gesundheit betreffen oder bei Suche nach innerer Harmonie angebracht ist. Er ist auch brauchbar, wenn der andere erst Klarheit über sich haben will, bevor wir zum Lesen von Beziehungen (Spiel 8) weitergehen können.

Zentrum des Kopfes (1), männliche Seite (2), weibliche Seite (3), 1 bis 3: Gedanken; Zentrum des Herzens Gesundheit (4), männliche Seite Eroberung, Geben (5), weibliche Seite Mitgefühl, Empfangen (6), 4 bis 6: Gefühle; Zentrum des Bauches Hara-Energie (7), männliche Seite Sex-Schöpferkraft Kreativität (8), weibliche Seite Sex-Empfänglichkeit Sinnlichkeit (9), 7 bis 9: Sein; Wurzel, Potential (10).

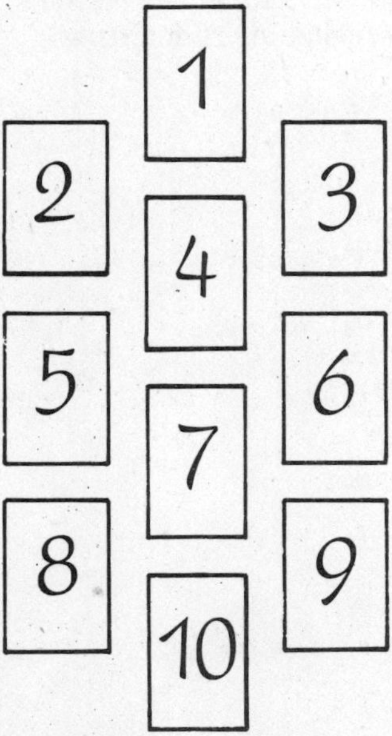

Spiel Nr. 4

Das Chakra-Lesen

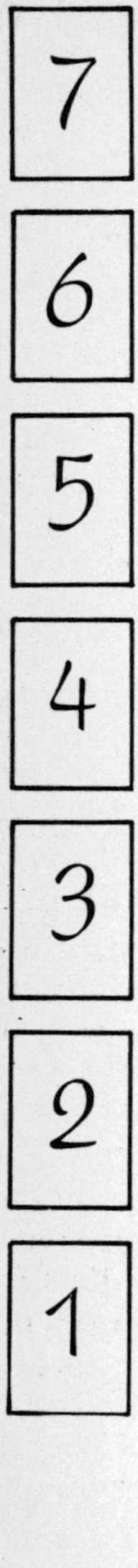

Du nimmst 7 Karten für die 7 Chakras. Wurzel Erde (1), Sakral Wasser Sexualität (2), Solar Feuer Emotionen (3), Fühlen der Gefühle, Herz Luft (4), den Gefühlen Richtung geben, Kehle Äther (5), die Gefühle ausdrükken, Braue Denken Bewußtsein (6), Überbewußtsein Schutzengel Buddha (7).

Dabei ist es nicht nötig, mit Yoga vertraut zu sein. Achte nur darauf, ob die Karten untereinander die Körperenergie weitergeben können. Wenn du allerdings von Yoga und Körperenergien etwas verstehst, ist hier eine gute Verbindung zum Tarot.

Spiel Nr. 5

Das Tarot-Gericht

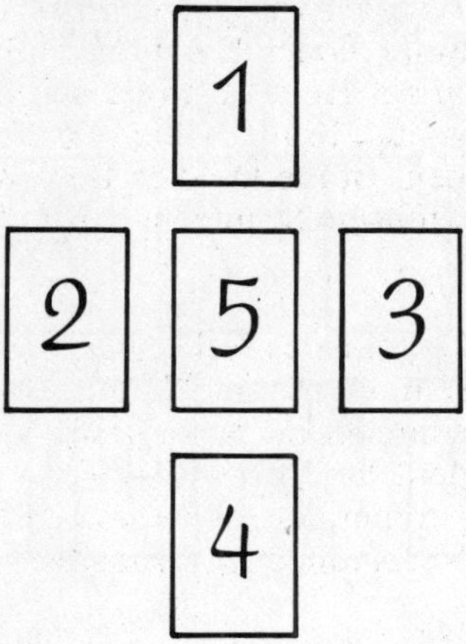

Gib mir vier Karten!
1. den Richter
2. den Fürsprecher
3. den Gegensprecher
4. den Richtspruch

Wenn alle vier Karten besprochen sind, wird berechnet, was das Tarot dazu sagt. Die Karten 1 bis 10 zählen nach ihrem Wert. Die Hofkarten schließen sich als 11 bis 14 an. Die Großen Magischen Karten zählen nach ihrer Ziffer. Wenn mehr als 21 erreicht wird, werden 21 abgezogen oder ein Vielfaches davon. Die daraus errechnete Zahl gibt die Nummer der Großen Magischen Karte an, mit der das Tarot den Richtspruch kommentiert.

Spiel Nr. 6

Das Karma-Lesen

Ein wunderbares Spiel mit sieben Karten ist das Karma-Lesen aus der Karte VII Kelche. Ich lege dir diese Karte vor und fordere dich auf, mir für jeden Kelch verdeckt eine Karte zu geben.

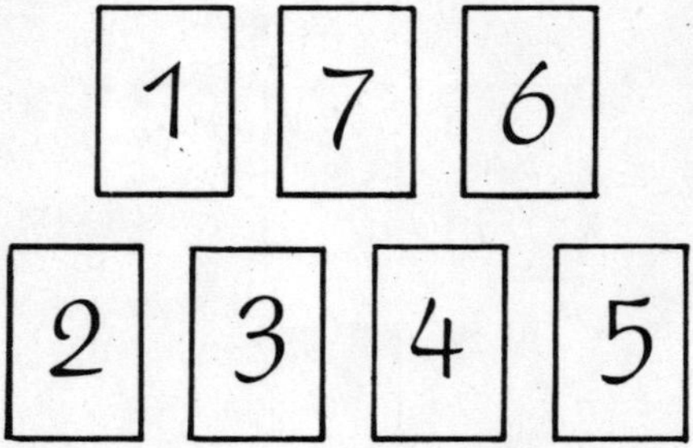

1. Der andere, Beziehung zu Freund, Ehepartner, anderen Menschen
2. Dein Heim, Haus, Familie
3. Dein Vermögen, Geld, Können, Beruf
4. Deine Ehre, Macht über Menschen, Platz in der Gesellschaft
5. Dein Körper, Gesundheit, Begierden
6. Deine Schlange, heilende Kräfte
7. Dein innerer Meister, Schutzengel, Beziehung zum Göttlichen.

Danach muß jeder Bereich besprochen werden, und alle problematischen Lebensbereiche müssen bearbeitet werden. Wo eine Große Magische Karte liegt, ist das Problem erledigt und wird so gelebt, wie die Karte zeigt. Wo eine Hofkarte liegt, ist die Situation oft beruhigt und keine Probleme sind aktuell.

Spiel Nr. 7

Das offene Spiel

Gib mir eine Karte für deine Frage. – Und von da aus ohne feste Auslegung im Prozeß weitergehen, wie ich später im Kapitel über den Spielverlauf beim Umgang mit jeder einzelnen Karte zeigen werde.

Spiel Nr. 8

Das Tarot-Encounter

Wollen zwei Personen ihre Beziehung klären, so zieht jeder zunächst drei Karten für sich, Kopf (1 bzw. 4), Herz (2 und 5) und Bauch (3 und 6). Nun wird mit jedem einzeln besprochen, was aus seinen Karten und deren Lage zueinander herauszulesen ist. Hierbei muß ich darauf achten, daß der Partner, mit dem gerade nicht gearbeitet wird, nur Zeuge ist und nicht eingreift. Dann untersuche ich die Karten daraufhin, auf welchen Ebenen die Partner miteinander zurecht kommen und wo ich Konflikte sehe. Bevor weitergearbeitet werden kann, muß ein Akzeptieren unserer Deutungen mindestens zwischen jedem Partner einzeln und mir erreicht sein. Nun zieht einer der Partner eine Karte für das, was er dem andern zu sagen hat (7). Während ich bei der Formulierung der Aussage vielleicht helfe, ist der andere Partner wieder nur schweigender Zeuge. Danach lasse ich ihn mit einer Karte antworten (8) und der erste hat zu schweigen, bis er eine klare Antwort erhalten hat.

So kann fortgefahren werden, bis jeder die Bedürfnisse des anderen möglichst wertfrei sieht und als Tatsache für sich anerkennt. Mindestens versuche ich eine Situation zu schaffen, in der jeder dem anderen für geduldiges Zuhören danken kann.

Eine andere Möglichkeit ist, für jede Person zwei Karten ziehen zu lassen. Eine für den Vierjährigen und eine für den Erwachsenen, z.B. Sechsundzwanzigjährigen. Nun wird eine Begegnung zwischen den vier Personen veranstaltet. Das erfordert allerdings eine gewisse Bewußtheit über unbewußte Wirkungen bei allen Beteiligten. Doch können Partnerschaftsprobleme auf diese Weise sehr tief bearbeitet werden.

Wenn nur eine Person da ist, die ihre Beziehung zu einem nicht anwesenden Partner klarer sehen will, funktioniert das Spiel genauso. Sie muß dann natürlich alle Karten selber ziehen. Ich werde sie auch darauf hinweisen, daß ihr Unbewußtes hier das Spiel alleine bestimmt und ich über die andere Person nichts wissen kann.

Wenn ich über meine Beziehungen ohne die Hilfe eines außenstehenden Tarot-Lesers so einen Encounter mache, werde ich nur meine Karten, so ehrlich ich kann, auslegen und mir verbitten, daß mein Partner etwas über meine Karten sagt. Kommen wir so nicht zu Ehrlichkeit, Klarheit und neuem Vertrauen, ist ein Außenstehender notwendig. Mein Tarot ist zum klaren Sehen, nicht zum Streiten.

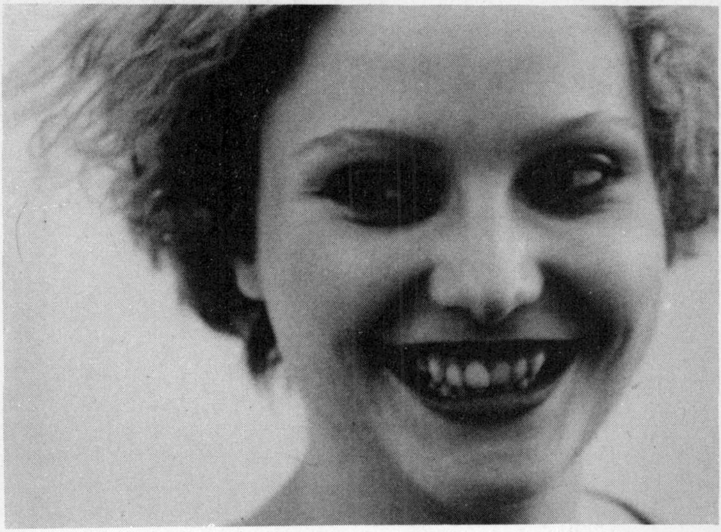

Die hohe Kraft der Wissenschaft,
Der ganzen Welt verborgen.
Und wer nicht denkt,
Dem wird sie geschenkt,
Der hat sie ohne Sorgen.
(Goethe, Faust)

Der Spielverlauf

Ich habe mir also eine Vorstellung gemacht, welche dieser Auslegungen passend ist, habe mir die Karten geben lassen, und nun liegen sie in einer der gezeichneten Anordnungen verdeckt auf dem Tuch. Ich werde sie aufdecken oder auch wieder zudecken, wann und wie ich es für richtig halte. Ich kann die Auslegung so machen, daß du sie nur auf dem Kopf siehst, daß wir beide seitwärts hineinschauen oder daß du sie aufrecht siehst. Wie es mir gutdünkt.

Ob eine Karte aufrecht oder verkehrtherum aufgedeckt wird, dem messe ich keinerlei Bedeutung bei. Ich drehe sie einfach herum.

Jede Karte lege ich dir mit zwei Fragen vor:

1. Was siehst du?

2. Was hat das mit. . . (deinem Kopf, deiner Vergangenheit usw.) zu tun? Zu dem, was du sagst, sage ich dir das, was mir dazu gerade einfällt, soweit ich es für passend und hilfreich halte. Erst wenn wir beide die Karte akzeptieren können, ist der erste Schritt im Prozeß beendet. Vorläufig ist es erlaubt zu sagen: Ich sehe das jetzt noch nicht, ich will erst das ganze Spiel sehen.

Eine oft gebrauchte Möglichkeit, mit einzelnen Karten weiterzugehen, ergibt sich, wenn zu den Karten, soweit es sinnvoll erscheint, eine weitere gezogen wird. Fragen ans Tarot sind:

1. Erkläre mir diese Karte. – Kommt jetzt eine ähnliche Karte, gehe ich meist mit der ersten, es sei denn, daß die Aussage der zweiten Karte deutlicher ist. Oft interpretiere ich die erste Karte über den Sinn, der mir aus der zweiten hochkommt.

2. Das ist nicht die ganze Wahrheit, zeig mir die andere Hälfte! Wenn keine gegensätzliche Karte kommt, muß ich die erste akzeptieren. Kommt eine gegensätzliche, verwende ich beide.

In seltenen Fällen, besonders wenn ich spüre, daß der andere nicht ganz bei der Sache ist, lege ich eine gerade gezogene Karte, bevor der andere sie sieht, erstmal auf die Seite mit den Worten: Das ist nicht die richtige Karte, gib mir eine andere! Ich gehe dann mit der neuen, wenn sich die Aussage der ersten nicht deutlich wiederholt.

Weiter ergibt sich im Laufe der Beratung, daß wir uns mit den Personen auf der Karte identifizieren. Wenn die Person nicht sieht, kann die Frage ans Tarot sein: Was will oder kann er nicht sehen? (z.B. der Mann in IX Schwerter) Wo geht er hin? (z.B. der Mann in VI Schwerter) Wovor hat er Angst? (z.B. der Mann in IX Stäbe) Was passiert, wenn er sein Herz aufmacht? (IX Kelche) Bei VII Schwerter z.B. kannst du zwei Karten ziehen mit den Fragen: Was nimmt er weg oder mit, was läßt er stehen?

Hier kannst du sehr offen und kreativ sein und deiner Intuition freien Lauf lassen. Nur beachte, daß es immer nur ums Verstehen und Tieferkommen gehen kann. Das Akzeptieren der Wahrheit kann das Tarot niemandem abnehmen. Wenn es das leisten soll, kommen nach kurzer Zeit nur noch unsinnige kleine Karten heraus. Intuitive Tarot-Leser sind eben keine schönfärbenden Glückspropheten.

Die zusätzlich gezogenen Karten lege ich dann neben die, für die sie gezogen sind. Eine andere Möglichkeit ist, immer wieder zu fragen: Was soll ich dafür tun? – Wie soll ich das machen? Die Karte, die daraufhin gezogen wird, kann oft zur Veränderung des ganzen Bildes direkt auf die erste Karte gelegt werden. Das ist aber nur sinnvoll, wenn ich spüre, daß der andere wirklich bereit ist, das zu tun, was die Karte fordert.

Dieser freie, spontane Umgang mit den Karten macht das Spiel lebendig und fördert sehr das Vertrauen in das Tarot und in das Unbewußte, solange wir mit jeder Karte tiefer gehen und es nicht übertreiben.

Wenn nicht echtes Nichtverstehen und Weiterfragen uns bestimmt, wird sich das Tarot sofort rächen, und es erscheinen kleine Karten, die einfach nicht in dein Spiel passen. Beim Üben ist das gut, damit du deine Grenzen erkennst. Wir nennen das dann Hühnerschitt. Bei ernsthaften, bezahlten Beratungen darf dir das aber nicht passieren, sonst geht das Vertrauen ins Tarot verloren. Wenn du dich unklar fühlst und den anderen nicht zu klaren Fragen bestimmen kannst oder der andere die Botschaft des Tarot nicht akzeptiert, ist das nicht mit einem Mehr an Karten auf dem Tisch auszugleichen. Manchmal ist das Lesen noch zu retten, indem es auf ein oder zwei große Arkana-Karten aufgebaut wird. Alles andere wird dann als zweitrangig erklärt.

Wenn eine Auslegung überhaupt nicht passen will und der andere auch nicht zur Sinnfindung beiträgt, ist es ehrlich und geboten, das ganze Lesen abzubrechen: „Heute wollen die Karten nicht zu uns sprechen, vielleicht probieren wir es ein andermal wieder." Natürlich kann man für ein abgebrochenes Tarot-Lesen auch kein Geld verlangen.

Wenn ich den Eindruck habe, daß wir dem Ende des Lesens nahe sind, werde ich durch eine Frage wie: Was ist noch offen? Hast du bekommen, was du haben wolltest? Kann das Tarot jetzt noch etwas für dich tun? versuchen, zu einem klaren Ende zu kommen. Wenn du nun sagst, dies und das sei offen, werden wir das Tarot noch einmal fragen. Sagst du, daß alles gesagt ist, wird das den Schluß des Lesens herbeiführen.

Bist du nun an einer Stelle, wo du Offensichtliches aus dem Tarot nicht für dich akzeptieren kannst, werde ich in Offenheit und Mitgefühl erklären, daß ich und mein Tarot hier nichts mehr für dich tun können. Manchmal hilft es, wenn ich selbst mit den Worten: Das will ich dir dazu sagen, eine Karte ziehe und den Inhalt der Karte in einem Satz spontan in die letzten Sätze des Lesens hineingebe.

Manchmal habe ich das Gefühl, daß sich zwischen dem anderen und mir etwas Persönliches über das Tarot-Lesen hinaus aufgebaut hat, das nun nicht einfach abgebrochen werden soll. Ich fordere dann den anderen auf, eine Karte zu ziehen für das, was er mir noch sagen will, und lasse ihn dann aussprechen, was er zu sagen hat. Ich antworte darauf mit einer Karte und ein oder zwei Sätzen.

Offenheit, Dankbarkeit und lockere, klare Stimmung sollten das Ergebnis des Tarot-Lesens sein.

Begegnung als Meditation

Du – bist zu mir gekommen.
Ich nehme dich, wie ich das Geschenk eines Liebenden nehme.
Du bist meine Meditation, die Gelegenheit, mich in dir zu sehen.
Wir begegnen uns,
so wie zwei Wellen sich im Ozean begegnen.
Was dich hebt, hebt mich. Was dich senkt, senkt mich. Zwei Individuen, die in der Tiefe zu einem Ganzen gehören, das wir nicht begreifen, solange es ein Ich und ein Du gibt.
Du magst es vergessen haben.
Ich habe es ein Stückchen wiederentdeckt.
Wenn wir uns begegnen, wird dieses Wissen dabei sein.
Du bist meine Meditation.
Du rührst Dinge an, die in mir sind.
Meine Abwehr wird wach, meine Verschlossenheit, meine Lebensangst, mein vermiedenes Leben, meine unerfüllten Wünsche, mein – Alles.
Ich werde mich anrühren lassen, wenn wir in deine Karten sehen. Ich werde mit dir in deine und meine Tiefe gehen, durch den ganzen Wahnsinn.

Was du vermeidest zu sehen, vor dir werde ich es gespürt haben. Die Ängste und Schuldgefühle, die vermiedenen Schmerzen und die Wut des Ungeliebten. Bevor du dich der Schwere deines Erlebens aussetzt, habe ich es gefühlt und bin genau da, um dich nicht alleine zu lassen.
Durch dich und deine Frage, weil du zu mir kommst, werde ich das tun.
Für mich werde ich das tun.
Du wirst mir die Gelegenheit dazu geben, die ich dankbar annehme.
Jedesmal, wenn ich den Weg gehe für mich und für andere, wird er gangbarer.
Jedesmal werde ich offener und freier.

Außerdem werde ich einen Schritt zurücktreten.
Ich bin nicht du, der sich mit seinen Schmerzen konfrontiert.
Ich bin nicht der, der mitleidet und den Weg mit suchen hilft.

Ich bin der, der beide dort sitzen sieht, wie sie in die Karten sehen, wie sie ihre Körper fühlen und gegenseitig ihren Worten lauschen.

Ich werde der sein, der ihn zuhören sieht, der ihn sprechen hört, der ihn fühlen spürt, der ihn denken hört. „Soll ich dies oder das jetzt tun?“ Ich werde mich zurücklehnen in liebevollem Lächeln und ihm erlauben, ganz in der Rolle des Tarotlesers aufzugehen, alle Schleusen seiner Persönlichkeit für dich zu öffnen und ganz, ganz frei zu sein, ganz für dich und deinen Prozeß, daß er zu einem hohlen Rohr wird, aus dem die Kräfte der unbewußten Tiefe strömen können.

Ich werde der sein, der applaudiert, bei jeder echten Lebensäußerung der beiden. Sei es Weinen oder Lachen, Ärger oder akzeptierende Wärme.
Und ich werde tanzen und feiern, wenn sie sich näher und näher kommen, wenn das Vertrauen wächst und sie dann in die Tiefe vorstoßen, wo sie beide nackt vor der Gottheit stehen und ich ihn sagen höre:
„Du und ich, wir sitzen im selben Boot.“

Das wird ein Fest sein.
Und du, Geschenk des Göttlichen, gibst mir Gelegenheit zu feiern.

Willst du lernen, intuitives Tarot zu lesen, dann wünsche ich dir, daß du diese Offenheit lernst, dem eigenen sogenannten Negativen gegenüber. Wir haben dazu unsere kleine Gruppe.Da begegnen wir einander, projizieren aufeinander ganz bewußt unsere Negativität und nehmen sie dann zurück, als unsere eigene Sache. Was ich in der Gruppe erlebt und als eigene Projektion erkannt habe, kann ich dann im Alltäglichen wiederfinden und neue, offenere und realere Einstellungen gewinnen.

Such dir ein Gegenüber, sag nicht: „Du bist . . .“, sag: „Du bringst mich in Kontakt mit meinem . . .“.

Eine Frau sitzt ihrer zehn Jahre älteren Freundin gegenüber: „Du bringst mich in Kontakt mit . . . Du bist immer die Stärkere . . . mit meinem Gefühl, unterlegen zu sein. Immer fühl ich mich unterlegen, weniger wert.“ Jetzt fühlt sie den Schmerz, den Trotz, Ärger, Vermiedenes, Verbotenes. Die Gruppe akzeptiert das, lehrt sie, den Schmerz und Ärger zu bejahen und sich selbst zu akzeptieren, unabhängig von den Wertungen und vom Verhalten anderer.

Ein Mann mittleren Alters sitzt einer frischen, offenen jungen Frau gegenüber: „Also du . . . hach . . . Ich . . . Ich fühle mich sehr von dir angezogen. Du bringst mich in Kontakt mit . . . meinem Wunsch nach einer jungen Frau. Weißt du, alles stehn und liegenlassen . . . neu anfangen. Es hat sich soviel aufgebaut in all den Jahren. Soviel ist immer dasselbe. Routine, tot. Ich spüre den Wunsch, wieder lebendig zu sein, mich zu engagieren, wirklich zu lieben. Ach, es ist alles so festgefahren, so sinnlos. Ich möchte gar nicht daran denken.“

Alle in der Gruppe hören zu, lassen ihre Wertungen, was sie postitiv oder negativ nennen, in ihr Bewußtsein kommen. „Dies ist meine Wertung.“ Wir tauschen die Wertungen aus, spüren nach, wie grausam und einschränkend sie sind.

Wenn ich ältere Menschen vermeide, nicht mag – wie häßlich. Die halbe Menschheit klammere ich aus. Und tief in mir erwächst die Angst vor dem Älterwerden, die Angst vor Unfall und Krankheit, die Angst vor morgen, denn morgen werde ich älter sein. Du, als Frau, hast vielleicht vor Männern Angst, vermeidest sie. Du klammerst die halbe Menschheit aus. Nicht nur das. Kein Mann wird dir vertrauen. Deine eigene männliche Seite, die kraftvoll handelnde, Widerstand leistende, ist nicht frei und klar. Du wirst häßlich, hintenherum, steif und eng. Ha, nun schau Dir aber an, wie du mich jetzt wertest, so wie ich das hier geschrieben habe!

Wir erleben in der Gruppe, wie unser Ja zum anderen uns öffnet, uns reicher macht, uns Welten in uns selbst entdecken läßt

und verfügbar macht. Wir wollen das Richten verlernen, indem wir erleben, wie der Richter im Innern uns selbst verurteilt, gefangen hält. Und dann wollen wir langsam und ganz bewußt das Gefängnis unserer Wertungen verlassen, bis wir uns offen in jeden andern mit unserer Liebe hineingeben können.

Nun beachte bewußt den Prozeß des Augenblicks. Zieh eine Karte! „Diese Karte bringt mich jetzt, wo ich dir gegenüber sitze, in Kontakt mit meinem . . .“ „Ich sehe, daß du Weinen unterdrückst, das bringt mich jetzt in Kontakt mit meinem . . .“

– „Ich erlebe, wie du das, was ich sage, negativ bewertest, und das bringt mich jetzt in Kontakt mit meinem . . .“

Jetzt bin ich so.
Im nächsten Augenblick werde ich ein anderer sein. Wenn ich wachsam bin, merke ich es.

Und ich werde mich selbst in diesem Anderssein beobachten. Dadurch lerne ich mich tiefer und tiefer kennen und weiter entfalten.

Ich weiß nicht, wohin das führt. Bis jetzt hat es mich dahin gebracht, mich mit mir selbst wohler zu fühlen, hat mich wärmer gemacht und läßt mich verschiedenen Menschen näher sein.

Nimm eine Gruppe, das Tarot, die Leute, die du berätst, jede Gelegenheit dazu, dich anzuschauen und tiefer kennenzulernen. Du wirst erleben, wie du Schätze über Schätze aus deiner Tiefe ans Licht des Bewußtseins holst. Und dann wirst du mehr und mehr zu geben haben und den, der zu dir kommt, nicht leer wieder gehen lassen müssen.

Ich lese Tarot

Spiel Nr. 1a

Das folgende Tarot-Lesen ist natürlich verkürzt und vereinfacht aus der Erinnerung wiedergegeben. Es dauerte 35 Minuten.

Es handelte sich um einen jungen Mann. Er hat studiert und war nach dem Studium über ein halbes Jahr auf Reisen. Wir begegnen uns in einem Flughafenrestaurant. Er ist im Begriff, nach Hause zu fahren. Nach etwa 15 Minuten Gespräch sind wir uns näher gekommen und er fragt, wie er sich seiner Mutter gegenüber verhalten soll. Ich biete ihm ein Tarot-Lesen an. Wir haben noch etwa eine Dreiviertelstunde Zeit.

Erst lasse ich ihn tief atmen und die Energie der linken Hand spüren und durch Schütteln verstärken. Dann bitte ich ihn, mir nacheinander und verdeckt sieben Karten zu geben:

Kopf, Herz, Bauch, was ist zu tun? Energie, die dir von außen zu Hilfe kommt, Hoffnungen und Befürchtungen, Ergebnis.

Dann decke ich die ersten drei Karten auf: X Kelche, III Pentakel, Lebensrad.

Ich nehme die erste Karte aus der Auslegung, lege sie vor ihn: Was siehst du?

Oh, eine Familie, das Häuschen im Grünen. Das ist mein Wunsch, einfach beieinander zu sein und sich wohl zu fühlen. Andererseits ist es meine Angst. Meine Mutter schreibt, wie sie ihre Bekannten besucht und ihren Garten pflegt.
Das ist alles so festgefahren, so tot, da ist keine Veränderung drin.

Ja, das sind zwei Seiten, die nicht notwendig zusammengehören müssen. Aber in deiner Vorstellung sind sie so. Jetzt sieh dir dein Herz an. Was siehst du?

Nach einer Weile mit gedrückter Stimme:
Das sieht nach Zusammenarbeit aus. – Pause.

Ich: Wobei einer sagt, was der andere machen soll.
Ja, richtige Zusammenarbeit ist das nicht.
Ich: Da bist du im Herz noch gefangen zu machen, was andere sagen? – Pause – Er schaut das Bild an.
Ich: Und dann ist es dunkel.
Ja, auf der Uni war das so. Die ersten beiden Jahre hab ich studiert, was mich interessierte, und das hat Spaß gemacht. Die nächsten beiden Jahre nur noch so fürs Examen, das war dunkel.

Ich lege die zweite Karte zurück in die Auslegung und lege den Zeigestock auf die rote Figur im Lebensrad:
Und nun rührt sich was im Bauch.
Ja, meine Natur wehrt sich dagegen. Ich will nicht wieder in die Falle gehen.
Ich zeige auf die Figuren: Die alten Gesetzgeber müssen fallen und der selbstständige Mensch muß aufsteigen. Mal sehen, was du tun sollst. – Ich decke die nächste Karte auf und lege sie ihm vor: Der Mond.
Einfach meinen eigenen Weg gehen. Die Türme sind wie Vater und Mutter.
Und der Weg führt an beiden vorbei.
Die Hunde sind wie bei Rotkäppchen. Geh nicht vom Weg ab!
Und der Weg geht rauf und runter, mal gibt der Mond mehr Licht, mal weniger. Mal sehen, was dir hilft.
Ich lege die Karte in die Auslegung zurück und drehe die nächste um: IX Pentakel. Was siehst du?

Das ist meine Mutter in ihrem Garten. Sie hat alles und doch ist sie unzufrieden und schickt ihren Falken auf Mäusejagd. Das ist eine feine, versteckte Grausamkeit, die ich darin sehe. Die Neun ist ja auch so eine Zahl von etwas Unfertigem.

Dies hat nichts mit der gängigen Bedeutung der Karte zu tun. Ich schließe mich aber sofort seiner Deutung an: OK, das ist die Energie von außen, aber wie kommt sie dir zu Hilfe?

Ich erkenne, daß das so ist, daß da nichts mehr ist. Ich glaube, das hilft mir.

Ich habe den Eindruck, daß er nur „Energie von außen" gehört hat. Jedenfalls hat das Tarot so geantwortet. Er verwischt das jetzt. Ich lasse das zu, da es für unseren Prozeß jetzt nicht wichtig ist. Ich nehme mir aber vor, mit dem, was ich ihn tun lasse, sehr deutlich zu sein. Ich drehe die vorletzte Karte herum: V Hierophant. Deine Hoffnungen und Befürchtungen.

Ja, mich wieder klein machen und hören, was man mir sagt, gehorchen müssen und der ganze Unsinn. Ich hab das noch nie so stark erlebt.

Ich zeige auf die II Pentakel: Hier ist es aber noch ganz stark. Und auf das Menschentier im Lebensrad: während der Bauch Veränderung ansagt. – Schauen wir uns das Ergebnis an. Damit drehe ich die letzte Karte auf: II Kelche.

Oh! – Er lacht.

Ich: Das Häuschen im Grünen, aber als Erwachsener, nicht als Kind.

Es sieht ein bißchen wie ein Handel aus, und das mag ich nicht. Kratz mir meinen Rücken, dann kratz ich dir deinen.

Ich zeige auf den Kelch des Mannes und dann auf das Menschentier: Das Tier hat so seine Bedürfnisse, und er hat manches zu geben. Und bevor das Tier wirklich dazukommt, haben die alten Gesetze zu fallen. Ich zeige auf die Sphinx und dann auf den Krebs und den Weg im „Mond": Wie muß es also in deinem Herzen aussehen, damit das geschehen kann? Frag das Tarot, nimm eine Karte.

Er gibt sie verdeckt, ich decke sie auf und lege sie ihm vor: Die Welt – was siehst du?

Einen nackten Menschen, frei herumtanzend.

Ich lege die II Pentakel daneben: Was muß der tun, um von dort dahin zu kommen?

Hinausgehen, aufhören, das zu tun, was die anderen wollen.

Ich lege die XXI (Die Welt) über die III Pentakel in die Auslegung.

Ich: Ja, was kannst du aus der Position deiner Mutter sagen?

Nimm eine Karte für das, was du sagen willst. Er gibt mir die Karte, verdeckt: VI Kelche. Ich lege sie ihm offen vor: Na, was siehst du? Was kannst du sagen?

Ich bin jetzt groß. Ich hab dir jetzt was zu geben. Gestern hab ich ihr geschrieben, daß sie es sich doch leisten kann, mehr für sich aus ihrem Leben zu machen.

Das war gestern. Was mußt du jetzt aus dieser neuen Position sagen? Dabei lege ich die II Kelche über die X Kelche und zeige nochmals auf die Welt und das Lebensrad: Wart, erst schau noch mal auf die Karten! Atme tief!

Er zieht diesmal die Hohepriesterin, ist erst hilflos, dann: *Da ist sie wieder, so war sie immer, sagte mir, was gut und bös ist. Sie war für mich das Gesetz.*

Ich: Ich bitte dich, diese Karte anders zu verstehen. Für mich ist die Hohepriesterin die, die viel tiefer das Lebensgesetz vertritt. Am Tag sind andere Dinge möglich als bei Nacht, im Sommer andere als im Winter. Verstehst du, etwas wogegen keiner ankann. Für ein Kind sind andere Dinge dran als für einen Erwachsenen. Du brauchst nicht kleiner sein als sie und dich nicht größer machen. (Ich zeige auf den Zwerg in VI Kelche. Dann schiebe ich die Karte unter die IX Pentakel.) Du brauchst nur zu sagen: Ich bin jetzt ein Erwachsener. Ich akzeptiere das. Ob du es akzeptierst, liegt in deiner Hand. So ist es jetzt eben, und ich muß meinen eigenen Weg gehen, ohne auf andere zu hören. (Dabei zeige ich auf den Weg im „Mond“ und die Türme rechts und links.)

Dann lasse ich ihn die Hohepriesterin in die Hand nehmen und meine Worte wiederholen.

Er trennt sich von mir dankbar. In mir bleibt das Gefühl, daß er die Bindung an seine Mutter doch wohl nicht so bald wird überwunden haben.

Spiel Nr. 3

Zwei junge Frauen kommen zu mir, um sich jede einzeln Tarot lesen zu lassen. Ich gebe das erste Lesen vereinfacht wieder. Es dauerte eineinhalb Stunden.

Sie kommt mit ihrem Leben irgendwie nicht so zurecht, fühlt sich nicht wohl, will deshalb in nächster Zeit eine psychotherapeutische Gruppe mitmachen. Sie möchte allgemein wissen, was da auf sie zukommen wird.

Ich fordere sie auf, zu atmen und beide Hände kräftig zu schütteln. Dann lasse ich sie zehn Karten wählen, die ich mir in die Hand geben lasse, um sie verdeckt auf das Tuch zu legen.

Gib mir mit der linken Hand eine Karte für das
Zentrum deines Kopfes (VIII Kelche);
eine für die männliche Seite deines Kopfes (König der Stäbe);
eine für die weibliche Seite deines Kopfes (III Schwerter);
eine für das Zentrum deines Herzens (II Schwerter);
eine für die männliche Seite deines Herzens (XIX, Die Sonne);
eine für die weibliche Seite deines Herzens (III, Die Herrscherin);
eine für das Zentrum deines Bauches (Ritter der Kelche);
eine für die männliche Seite deines Bauches (VII Kelche);
eine für die weibliche Seite deines Bauches (III Kelche);
eine für deine Wurzel (Page der Schwerter).

Ich drehe die erste Karte um: Was siehst du?
Einen Mann, der weggeht. Was sind das da vorne?
Das sind acht Kelche, die er stehen läßt und weggeht. Was hat das mit deinem Kopf zu tun?
Ja, ich will was verändern. Es kann so nicht weitergehen. Ich hab einen Mann, einen Sohn, wir kommen so leidlich aus, aber irgendetwas fehlt.

Ich drehe die Karten 2 und 3 um: Was siehst du hier?

Einen König mit einem Stab, der blüht, und ein Herz mit drei Schwertern.

Das sind zwei Seiten von dir?

Ja, mal spiel ich die Starke, die nicht unterzukriegen ist, und dann wieder bin ich furchtbar abweisend und halte mich selber nicht aus.

Du bist verletzt? – Sie zuckt hilflos mit den Schultern. Ich: Um da weiterzukommen, möchte ich erst das ganze Spiel sehen. Ich decke alle Karten auf.

Da sind wunderbare Energien drin. – Ich zeige auf Die Sonne und Die Herrscherin und die Kelche. Dann auf die II Schwerter: Und in der Mitte machst du einfach zu.

Oh!

Ich zeige auf die entsprechende Karte und führe sie langsam durch die Bilder: Schau, hier (VII Kelche) sieben wunderbare Schätze, hier (III Kelche) Nehmen, Geben, Feiern, hier (Ritter der Kelche) will er ganz ruhig bringen, was er zu geben hat. Der Kelch ist doch ein weibliches Symbol. Dann hier (Die Herrscherin) die starke Mutter, offen, ganz entspannt und klar. Und die Sonne, diese wunderbare Energie. Und da macht die einfach zu (II Schwerter). Und der Kleine da unten (Page der Schwerter), den versteh ich da nicht, er scheint mir nicht zu den anderen Karten zu passen.

Ich denke schon, das ist meine Energie, mit der ich mich verteidige.

Ich möchte, daß du mir doch noch eine Karte ziehst, um mir diese Karte zu erklären. – V Kelche.

Diese Karte ist für deine Wurzel. Ich sehe, daß du dich einfach nicht leben läßt. Drei Kelche sind ausgelaufen. Hier sind drei Schwerter (III Schwerter), zwei Kelche, die du nicht sehen willst, zwei hohe, starke, herrliche Karten im Herzen, die du nicht zum Zug kommen läßt. Kein Wunder, daß du dich nicht wohlfühlst. – Ich lege die V Kelche neben den Pagen der Schwerter. Sie schaut stumm auf die Karten und schluckt. –

Pause. Ich mitfühlend: Solange du dein Herz und deine Augen zumachst, kannst du an deine guten Energien nicht heran. Willst du wissen, was du stattdessen tun könntest?

Sie freudig: *Ja.* – Nimm eine Karte dafür, was diese Person (II Schwerter) tun soll. – *The Lovers.*

Das ist die richtige Karte. – Ich lege die Liebenden auf die zwei Schwerter.

Davor hab ich Angst, kein Vertrauen. Und wenn ich's versuche, ist da immer nichts. – Sie hat Tränen in den Augenwinkeln.

Ich einladend: Schau da, die Feier mit den drei Kelchen, dann die Herrscherin, die große, empfängliche Frau. Und du hältst dich an irgendeiner alten Geschichte fest (die drei der V Kelche) und machst das alles mit deinen drei Schwertern kaputt.

Ich selber bin stark betroffen. Ich spüre jetzt den Druck, unter dem diese Frau steht. Sie schluckt und ich sehe den Schmerz in ihr hochsteigen. Ich lege Die Liebenden beiseite und drehe sie um:

Zieh eine Karte für das, was sie (II Schwerter) nicht sehen will! – X Pentakel.

Sie: *Die Familie da, das Kind, ich hab mich immer nach einer Familie gesehnt.* – Sie beginnt heftig zu weinen und wendet sich ab.

Du, bleib bei uns mit deinem Schmerz, lauf jetzt nicht davon! – Ich bitte durch Gesten die Freundin, die neben ihr sitzt, ihren Arm um sie zu legen.

Sie, nach einer Weile: *Ich bin mit drei Jahren von meiner Mutter weggekommen. Wenn meine Pflegemutter mich anfassen wollte, das fand ich immer so eklig. Ich konnte es nicht ertragen.*

Spür, was du jetzt von deiner Freundin bekommst, soweit du es zulassen kannst.

Sie weint, ist aber auch etwas zugewandter.

Du spürst den Schmerz jetzt zum ersten Mal? – Sie nickt. – Jetzt weißt du, was du vermieden hast. Für das kleine Kind war es zuviel, diesen Schmerz zu spüren. Du kannst das jetzt in der Therapiegruppe tun: den Schmerz zulassen und deine Enttäuschungen wiedererleben, bis du dann da durch bist und an deine guten Energien wieder herankommst.

Ich lege Die Liebenden wieder auf die II Schwerter und die X Pentakel auf die III Schwerter. Sie hat sich sehr weit ihren Gefühlen geöffnet. Mehr kann im Augenblick nicht getan werden. Nach einiger Zeit des Weinens schaut sie mich dankbar und offen an.

Spiel Nr. 8

In einem Gartenrestaurant hatte ich für einen Freund spontan ein Tarot-Spiel gemacht. Unsere Tischnachbarin, eine junge Frau, wollte auch ein Spiel haben. Sie bot mir an, den Kaffee zu bezahlen. Ich hatte nicht das Gefühl, daß wir beide echtes Interesse an einem tiefen Hineingehen hätten.

Ich: Ja, hast du eine bestimmte Frage?
Sie: *Nein, nur mal so allgemein.*

OK, atme tief, schüttle die linke Hand, und jetzt gib mir eine Karte für das, was bei dir los ist: X Kelche. – Was siehst du?

Eine Familie, Mann, Frau, zwei Kinder. Was das da oben sein soll, weiß ich nicht.

Das sind zehn Kelche, so wie bei einem anderen Kartenspiel Herz 10 oder so. Was hat das mit dir zu tun?

Ich weiß nicht. – Pause. – *Vielleicht ein Wunsch.*

Wenn das mit dir zu tun hat, wer bist du auf diesem Bild?

Die Frau natürlich.

Interessiert es dich weiterzugehen und zu sehen, was mit deiner Familie hier los ist?

Ja, wie?

Na, gib mir verdeckt vier Karten, eine für den Mann, eine für die Frau, eine für den Jungen und eine für das Mädchen. – Ich decke die erste Karte auf: X Pentakel. – Dies ist dein Mann, wunderbar, was siehst du?

Wieder eine Familie.

Ja, alle sind da, und ein alter Mann dazu. Was hat das mit dir und deiner Vorstellung vom Mann zu tun?

Ich weiß nicht. – Pause. – *Auf beiden Bildern wendet er sich ab, ich kann sein Gesicht nicht sehen.*

Willst du es sehen? – Sie zuckt hilflos.

Wir verstehen das jetzt noch nicht, vielleicht verstehen wir es besser, wenn wir die anderen aufdecken: Frau – IV Schwerter; Junge – As der Schwerter; Mädchen – *The World.*

Ich lege ihr die IV Schwerter vor: Was siehst du hier?

Ein toter Mann, ein Ritter. Er liegt auf einem Sarg oder so. – Und hier (As der Schwerter)?

Eine Krone, ein Schwert, Berge.

Und dann, schau diese Karte an (Die Welt)! Dies ist die lebendigste von allen. Die höchste Karte im Spiel hast du dem kleinen Mädchen gegeben. Sie tanzt frei herum, von allen guten Geistern umgeben. Dem Jungen gibst du eine Krone auf sein langes Ding, dem Mann gibst du eine ganze Stadt, und die Frau machst du tot. Schau mal hier! (Ich lege ihr die IV Schwerter nochmal vor und zeige auf das Fenster.) Was ist da drin?

Ein Kind und eine Frau. Aber da ist ein dicker Balken dazwischen.

Und hier (ich lege die IV Schwerter zurück und zeige auf die IV Schwerter und Die Welt) – wie kommen die beiden in Kontakt? – Sie zuckt hilflos.

Oh, nimm zwei Karten, eine, was die Frau tun kann, um auf das Kind zuzugehen, und was das Mädchen tun kann, um mit der Frau Kontakt zu kommen: As der Pentakel – Ritter der Schwerter. – Oh, was ist das?

Das verstehe ich nicht. Was bedeutet das? – Sie zeigt auf die Pentakel bei As und X.

Der Fünfstern steht für den Menschen, und die Scheibe für Gott. Also, wie der Mensch mit dem Göttlichen in Kontakt kommt. Durch Meditation z.B. und dadurch, daß du dir selber und dem Kind in dir besser gerecht wirst. Hier ist ein Weg, den du gehen kannst, und du kannst nicht sehen, wohin er führt. Was siehst du hier? – Erst zeige ich auf den Weg im As, dann auf den Reiter.

Einen Ritter auf einem Pferd, einen sehr wilden Kämpfer.

Ja, du kannst dir etwas von der Macht selbst nehmen, die du den Männern gegeben hast. (Ich zeige auf das As der Schwerter und das Schwert des Ritters.) Fang an, dich zu wehren und dir deiner eigenen Kraft bewußt zu werden. – Lange schaut sie die Bilder an. – Ist noch etwas offen, jetzt im Augenblick?

Nein. – Danke.

Träume und Tarot

Vorne findest du den Satz: „Träum dich ins Tarot!" Jetzt ist es Zeit, den Satz umzukehren. Bring dich mit Tarot in deine Träume! Oft sind Träume unverständlich. Orakelbücher helfen da nicht. Psychonanalytiker brauchen viele Stunden und arbeiten nicht aus dem Augenblick heraus. Für mich ist es aber nützlich, das Wissen über diese Symbolik im Hintergrund zu haben, wenn ich in diesem Bereich arbeite.

Mit dem Traum hat das Unbewußte schon seine Botschaft in Bilder gebracht. Jetzt gilt es, diese Traumbilder mit Hilfe der Tarotbilder zu entschlüsseln. Der Traumablauf gibt die Reihenfolge und das Muster der Auslegung. Zu den verschiedenen Energien in der Traumerzählung werden die Karten gezogen.

Ich erkläre das an einem Beispiel, dem Traum einer vierzigjährigen Frau. Sie ist stark von dem Traum betroffen. Sie träumt ihn so ähnlich öfter. Das sind beides Hinweise auf die Wichtigkeit des seelischen Geschehens. Ich gebe die Traumerzählung verkürzt wieder. Anstelle des Gesprächs gebe ich nur die erhaltenen Botschaftens des Tarots wieder, nicht wie sie liebevoll akzeptierend erarbeitet wurden.

Der Traum:

Ich stehe am Meeresstrand. Das Meer überspült das Land. Der Platz, auf dem ich stehe, wird auch überspült werden. Ich fühle eine Katastrophe nahen. Ganz nahe treiben mehrere Schiffe, wie Archen mit leuchtenden Wesen, die goldene Geräte handhaben. Sie winken mir. Ich gehe darauf zu und weiß, daß ich einsteigen werde. Ich fühle Trauer über das verlorene Land. Ich wache auf mit einem Katastrophengefühl.

Erst als die Träumerin akzeptiert hat, daß alles, was im Traum vorkommt, Teile ihrer selbst sind, lasse ich für das Traum-Ich „am Meeresstrand" zu Beginn des Traumes eine Karte ziehen. Im Nachspüren der Traumbilder erfühle ich, daß das Meer die nächste Traumenergie ist, für die ich eine Karte sehen will. Eine weitere Energie sind die Schiffe mit den leuchtenden Wesen.

Dann spüre ich, daß ich nochmal eine Karte für das Traum-Ich brauche, wenn sie wirklich in das Schiff steigt. Ich suggeriere ihr das und bleibe bewußt darüber, daß dieser Traumschluß nicht wirklich geträumt wurde. Häufig wandelt sich das Traum-Ich im Traum, dann brauchen wir regelmäßig eine neue Karte. Hier tue ich ein bißchen was dazu, als hätte es sich gewandelt. Ihr Satz *„Ich weiß, daß ich einsteigen werde"* gibt mir die Erlaubnis dazu.

Die Karten:
1. Traum-Ich „am Meeresstrand": *The World*
2. Das zerstörerische Meer: *The Hermit*
3. Das Schiff mit den leuchtenden Wesen: *X Pentakel*
4. Traum-Ich „steigt ins Schiff": *The Tower*

Die Botschaften:
zu 1. *Ich lebe mit dem Image der attraktiven jungen Frau.*
zu 2. *Das Alter kommt und nimmt es mir weg.*
zu 3. *In diesen Schiffen haben alle ihren eigenen Wert, Mann, Frau, Kind, Alter.*
zu 4. *Ich komme hinein, wenn ich das Image der jungen Frau fallenlasse und das Älterwerden des Körpers erlaube.*

Nun muß ich schauen, wie meine Suggestion gewirkt hat. Steigt sie nun in das Schiff oder nicht? Als ich die Frage stelle, bejaht sie, doch sei ein Aber übrig. Ich spüre, daß die Traumenergie *„Ich fühle Trauer über das verlorene Land"*, für die wir keine Karte gezogen hatten, sich jetzt noch durchsetzen muß.

Die Karte für das „Aber": *IV Pentakel.*
Die Botschaft: *Ich werde das Image hergeben müssen. Es wird mir entrissen werden, wenn ich es nicht freiwillig verschenke.*
Die Karte für das Verschenken: III Schwerter
Die Botschaft: *Nicht kämpfen, sonst werde ich verletzt. Ich darf den Schmerz des Abschieds erlauben, wenn der Körper älter wird, und ich darf einen eigenen Wert erkennen, unabhängig vom alten Image.*

Spätere Nachfragen ergaben, daß ein derartiger Traum nicht mehr geträumt wurde. Die Frau kann das Thema jetzt bewußt erleben.

Diese Art, das Tarot einzusetzen, erfordert ein gutes Gespür für die Energien des Unbewußten und wie sie gegeneinander und miteinander wirksam sind. Deshalb sollte nicht jeder Tarotleser erwarten, daß er in dieser Weise helfen kann. Ich habe sie hier mit hineingenommen, um dem psychologisch Geschulten, dem, der Erfahrung mit den Wirkungen der Bilderwelt in Träumen und Märchen mitbringt, besondere Anregung zu geben. Dieses Thema wird ein neues Buch nötig machen.

Gruppenspiele mit dem Tarot

Vorstellen in der Gruppe

Wir sitzen im Kreis, reden nicht, schauen uns gegenseitig an. Wer sind die anderen, wie wird es mir mit ihnen ergehen, was kann mit uns geschehen, wenn wir die nächsten Stunden zusammen sind und uns im Tarot spiegeln.

Komm aus deinen Erwartungen heraus! Geh in deinen Körper, schau deine Gespanntheiten an und entspanne! Dann öffne den Mund und beginne zu atmen. Mehr, mehr, mehr! Schüttle die Hände, und dann: Zieh eine Karte für das, was jetzt ist. Leg sie verdeckt auf mein Tuch, so daß für jeden, der hier ist, eine auf dem Tuch liegt.

Einer fängt an zu erzählen. Wenn sich die Teilnehmer noch nicht kennen, sagt er auch erst seinen Namen und gibt dann gerade das in die Gruppe, was er von sich selbst sagen will. Danach öffnet er die Karte, zeigt sie und beschreibt sie. Dann überlegen wir, was die Karte mit dem Gesagten zu tun hat. Gibt sie etwas davon wieder, zeigt sie Dinge, die noch verschwiegen waren, oder hat sie wirklich nichts mit dem Erzähler zu tun?

Wenn Belastendes hochkommt, kann es sein, daß jetzt noch mit einer oder zwei Karten weitergegangen wird, wie ich es im Kapitel über den Spielverlauf beschrieben habe, oder es wird, nachdem alle Karten aufgedeckt und besprochen sind, gemeinsam herausgefunden, für wen und wie die Gruppe und das Tarot im weiteren Verlauf Hilfe anbieten können.

Wesentlicher aber ist, daß jeder Anwesende den anderen mit seiner Karte sehen und erleben kann. So sind wir gleichzeitig mit so vielen Karten und Leuten in Kontakt wie in der Runde sind. Atmen, schauen und die Energie des anderen spüren. Das ist das, was jetzt hier ist. Dies, nichts anderes.

Etwas Einfaches, zum Einüben
Auch für Kinder

Die Karten liegen zwischen uns ausgebreitet. Einer zieht eine Karte und gibt sie seinem Nachbarn. Dieser beginnt sofort, eine Geschichte zu erzählen. Nach kurzer Zeit bricht er ab und gibt dem nächsten Nachbar eine Karte, mit der dieser fortfahren muß. Dies kann fortgesetzt werden, bis einer zu einem lustigen Schluß kommt.

Partnerwahl

Wenn wir in der Gruppe tiefer ins Tarot eindringen wollen, machen wir oft Partnerübungen, sei es, daß einer dem anderen Tarot liest, sei es, daß einer vor dem anderen mit Hilfe des Tarot seine Vorstellungen über sich, seine Vergangenheit, seine Beziehungen oder anderes entfaltet und bespricht. Oft wählen wir die Partner, indem jeder eine Karte zieht und der Leiter oder die Gruppe nach den Energien der Karten entscheiden, wer zusammenarbeiten soll. Einfach ist es, Trümpfe, Schwerter, Kelche usw. zusammenzubringen. Es können aber auch andere Ähnlichkeiten innerhalb der Karten genutzt werden. Es lohnt sich auch das Experiment, gerade Leute mit gegensätzlichen Energien in den Karten zusammenarbeiten zu lassen.

Encounter in der Gruppe

Wir reagieren aufeinander, machen unsere Erfahrungen miteinander, verwickeln uns, Sympathie, Liebe, Ablehnung, Wünsche, unklare Gefühle gegeneinander. Unmerklich können sich neue Mauern aufbauen.

All das ist da. Nun werden wir es sichtbar machen. Wir atmen, schütteln die Hände, breiten die Karten zwischen uns aus. Nun schaut einer einen an, atmet mit offenem Mund und nimmt eine Karte mit der Frage: „Was muß ich dir sagen?" – Dann schaut er die Karte an, dann das Gegenüber und spricht sofort los, ohne Zeit zum Nachdenken in Anspruch zu nehmen oder zu zensieren. Was spontan hochkommt, das ist ehrlich und ohne Einmischung des lügenhaften und politisch denkenden Verstandes. Mach nichts Steifes daraus, bleib spielerisch, humorvoll, offen und klar.

Tarot-Lesen für Geld

Es ist nichts Schlechtes daran, für gute Arbeit gutes Geld zu verlangen. Ich brauche für ein Tarot-Lesen zwischen einer halben und eineinhalb Stunden, und wenn ich einen weiten Weg mit einem anderen Menschen gegangen bin, bin ich nicht sofort offen für den nächsten. Ich biete eine gute und nützliche Arbeit an. Also ist es meine Sache, sie möglichst vorteilhaft zu verkaufen. Und es ist Sache des anderen, seine Energie mit einzubringen. Ich bin es satt und halte es auch nicht für hilfreich, meine Kräfte wie VI Pentakel auszugeben. Leere Hände kann ich nicht füllen. Ich meine das so: das Gefühl, ich habe zu geben und du hast nötig zu bekommen, halte ich für die denkbar schlechteste Grundlage für einen Wachstumsprozeß. Ich mache es lieber wie II Kelche. Ich sage: Dies hab ich zu geben, und das brauche ich von dir. Das mag Geld sein, das kann jeder andere Dienst sein, gerade, wie wir zusammenkommen. Das gibt eine klare, reale Ebene, eine Struktur, in der sich alles andere dann gerne abspielen kann. Gleich am Anfang ist Akzeptieren und Vertrauen nötig, ohne daß wir auf falsche Vorstellungen hereinfallen.

Ich brauche Geld und ich kann Tarot lesen und ich bin gerne mit dir zusammen und du hast ein Problem und du faßt Vertrauen und du öffnest dich und du gehst ein Geldrisiko ein, 20 Mark, 50 Mark, oder nur ein Glas Wein. Du bringst das, was ich brauche, in das Spiel, und bekommst das, was du brauchst, heraus. Das macht die Begegnung gleichwertig.

Ich werde nicht erst das Spiel machen und dann sagen: Jetzt gib, was es dir wert ist! Ich werde es umgekehrt machen. Ich werde dir sagen, für was oder wieviel ich dir das Spiel machen will. Und ich bin ganz klar, daß ich's nicht billiger machen werde. Kommen wir zufällig zusammen, wird es nicht viel sein, aber so viel, daß du merkst, daß du dafür auch was zu geben hast. Haben wir einen festen Termin in meiner oder deiner Wohnung, mit idealen Bedingungen, kann ich auch mehr fordern, eben das, was ich zum Leben brauche.

Nun möchte ich das, was du gerade gelesen hast, nochmal auf dich zurückwerfen. Hast du dir deine Wertungen dabei angesehen? Deine Ängste zu fordern, dein möglicher Abscheu, über Geld überhaupt zu reden? Wie hast du mich bewertet, wenn ich schreibe, daß ich mich so verhalte?

Wenn nicht, lies alles gleich nochmal langsam und schau dabei deine Reaktionen an. Wenn du meditativ bist, kritisch gegenüber allen angelernten Vorstellungen, wie ich es für dich, als Leser des intuitiven Tarot, wünsche, dann wird es dir nicht schwer fallen, mir weiter zu folgen.

TAROT ist spiritueller Poker.
(Swami Prembodhi)

Öffne deine Türen

Erinnere dich an Ptolemäus und Columbus, an die falsche Welt der Vorstgellungen. Die Welt ist noch lange nicht so, wie wir glauben, daß sie sei. Solange du glaubst, die Erde sei eine Scheibe, kannst du dich nicht trauen, über den Ozean zu fahren.

Also mach mal eine Liste aller deiner angelernten Vorstellungen über Geld und dann überleg dir, was du tun kannst, um sie zu ändern und zu neuen Erfahrungen zu kommen. Ich geb hier mal zur Probe ein paar alte Glaubenssätze aus meinem Museum wieder:

1. Man redet nicht über Geld.
2. Es kommt nicht darauf an, wieviel du hast, sondern was du bist.

3. Geld darf nicht ausgehen.
4. Wer schnell reich wird, muß ein Schwindler sein.
5. Kannst du was, kriegst du was.
6. Bei Geld hört die Freundschaft auf.

Keiner dieser Sätze ist zwingend richtig, aber sie hindern mich an bestimmten Verhaltensweisen, die ich zum selbständigen Geldverdienen brauche.

1. Wenn ich Geld fordere, darf ich dabei keine Ängste oder Schuldgefühle haben und muß über den Preis als über etwas Selbstverständliches reden können.

2. Für ein gutes Lebensgefühl kommt es durchaus auch auf das an, was ich habe, und eine gute Ware, das bin ich in dem Fall selber, hat eben einen guten Preis. Warum also für eine Tasse Kaffee das tun, wofür ein Psychotherapeut seine 80 bis 120 Mark bekommt?

3. Diesen Satz hab ich noch nicht geändert, dazu müßte ich alles, was ich habe, hopsgehen lassen. Dazu habe ich doch zuviel Angst. Ich hätte mich aber auch nicht getraut, wenn ich mal nichts hätte, einfach darum zu bitten. Ich bin dann mal in einem Restaurant gewesen mit weniger Geld, als die Rechnung verlangte. Ich kannte auch die Leute nicht, die ich dann anhauen mußte. Schöne Erfahrung, wenn dann alles leicht ist.

4. Solange der andere sich nicht betrogen fühlt, was sollen die Bedenken. Allerdings verlangt meine Rechtschaffenheit von mir doch, ab und zu mal nachzufragen, ob der andere zufrieden davonzieht. Wenn er das tut, bringt das auch neue Kundschaft.

5. Ich bekomme nicht durch Können, sondern durch mein Verkaufen-Können, durch mein Fordern. Einer klaren Forderung können sich wenige widersetzen.

6. Was ist das für eine Freundschaft, die ein Geldgeschäft nebenbei nicht aushält. Weil du mein Freund bist, gibst du mir,

was ich zum Leben brauche. Wir haben finanziell klare Verhältnisse, wir handeln miteinander und leben auf Gegenseitigkeit.

Schreib deine Glaubenssätze und Geldgebote auf. Es sollen jedenfalls mehr als zehn werden und ganz individuell deine sein. Dann mach eine Strategie für jeden Satz, wie du gegen deine Angst und gegen deinen sogenannten Anstand handeln kannst, um neue Erfahrungen zu machen. Und dann tu das wirklich. Mit jedem Satz. Und beobachte dich dabei.

Ich verspreche dir einen Rosengarten.

Du kannst dann drei Monate später die Liste lesen, wie du durch ein Museum gehst. Wenn du den Trick erst kennst – Tod, Mäßigkeit, Teufel, Turm, Stern – änderst du dein Leben schnell. Nimm alle Glaubenssätze über Essen, Freundschaft, Schlaf, Sex, und suche neue Erfahrungen gegen alle Ängste und Anstand. Aber werde nicht ungeduldig und lerne gleichzeitig die Kunst der kleinen Schritte. Wenn du ab und zu eine Karte ziehst für das, was du heute tun sollst, wird das Tarot als guter Freund zur Seite stehen.

Und ich verspreche dir einen Rosengarten.

Ein Beispiel:

Ein Gruppenmitglied, ein Mann mittleren Alters, berichtet: Ich bin Frauen gegenüber sehr zurückhaltend und ergreife fast nie die Initiative. Ich wollte dieses Verhalten aufbrechen, zumal ich die Bekanntschaft einer Frau gemacht hatte, der ich anscheinend nicht ganz unwillkommen war. Wie immer konnte ich das nicht richtig einschätzen. Ich fragte mein Tarot: Was soll ich im Hinblick auf Hildegard tun? – *The Lovers.*

Das schien mir etwas viel. Tatsächlich war ich da nicht. Also fragte ich: Was werde ich stattdessen tun? IX Stäbe. – Natürlich werde ich wieder steif herumsitzen und mich an mir selber festhalten. Also fragte ich weiter: Was kann mir helfen zu tun, was ich tun soll? – *The Emperor.*

Na, dann hab ich die Karte in einen Bilderrahmen so vor mich gestellt und mich so hingesetzt, wie der Herrscher sitzt. Aufrecht, geradeheraus, breite Schultern, offene, lockere Beine, aber fest auf dem Boden. Ich habe dann versucht, diese Feuerenergie zu spüren und den Herrscher zu atmen. Dann kam mir die Idee, den Triumphmarsch aus „Aida" aufzulegen und danach den Herrscher zu tanzen. Fest, selbstsicher, klar, würdig und mit ruhigem inneren Feuer. Hab mir richtig Zeit dafür gelassen und das ganze dreimal gemacht. Nachmittags, abends vor dem Schlafengehen und zum Frühstück nochmal.

Als ich mit Hildegard zusammen war, hab ich mich völlig anders erlebt als sonst. Ruhiger und klarer, auch offener. Oft hab ich erst hinterher gemerkt, was ich gesagt oder getan habe. Ich konnte sie ganz selbstverständlich anfassen, ohne meine üblichen Hemmungen. Ich konnte das sogar genießen. Ich sagte auch einfach, was ich wollte, ohne herumzustottern. Wir waren Essen und im Kino. Nach dem Kino kamen wir am Schaufenster eines Fernsehgeschäftes vorbei, wo eine Rockshow übertragen wurde. Ich hatte meine Hand um ihre Hüften und ich merkte plötzlich, daß wir angefangen hatten, uns ein wenig hin und her zu wiegen, fast auf der Straße zu tanzen. Ich hab das zugelassen. Mir wurde richtig warm und ich bekam so ein fließendes Gefühl. Das war viel. Vielleicht ist es nicht viel, aber für mich ist es ein guter Anfang. Wir werden uns wiedersehen.

Was dieser Mann getan hat, geht über das Tarot-Lesen hinaus. Er öffnete sich durch eine aktive Meditation der Energie der Karte und arbeitete damit an der Veränderung seines Lebens. Dies kann alleine oder gemeinsam mit anderen getan werden. Ich möchte aber warnen vor wildem Herumexperimentieren. Du mußt ganz sicher sein, daß die Karte, die du wählst, aus deinem Unbewußten für dich heraufgekommen ist.

Mischt sich der Verstand mit alten gelernten Grenzen ein, kann diese Art des Vorgehens genauso zur Verstärkung deiner Hemmungen und Ängste führen.

Auch wenn die Karte, die du aktiv einsetzen willst, aus deinem Unbewußten kommt, ist es nicht ausgeschlossen, daß sie schon einen Schritt zu weit führt. Du bist dann nicht reif für die Dinge, die du geschehen lassen willst. Mißerfolge, die dich zurückwerfen, sind dann kaum zu vermeiden. Du mußt vorher gelernt haben, die richtige Frage zu stellen.

Der Mann, von dem ich berichtet habe, hatte den Schutz der Gruppe, in der er über seine Glaubenssätze über Sex und Beziehungen gesprochen hatte und in der er gelernt hatte, sein Tarot richtig einzusetzen. Wenn er dann vor der Gruppe berichtet, kann die Gemeinschaft darauf achten, daß er nicht wieder alten Hemmungen aufsitzt oder ungesunde Situationen heraufbeschwört. Er soll ja keine Enttäuschungen erleben, sondern echte Lernerfahrungen genießen.

Jede Lebensenergie, ob Geld, Sex, Zärtlichkeit, Gesundheit, gutes Aussehen, Macht, Wohlfühlen, Freunde, Familie usw., kommt zu dir durch die Tür deiner Vorstellungen. Die meisten sind in der Kindheit von eingeschränkten Eltern zur Einschränkung des Kindes gelehrt worden. Nicht geliebte Kinder lernen lebensfeindliche Glaubenssätze. Das schafft viel unnötiges Leiden. Dabei ist die Welt ganz anders. Du kannst deine Glaubenssätze durch neue Erfahrungen ändern, wenn du dir die Freiheit dazu gibst. Sei ein bißchen Columbus. Der hatte auch ganz schön Schiß in der Hose. Wetten?

Das Tarot in der Gemeinschaft

Es ist mein Traum, nicht nur zusammen zu wohnen oder zu arbeiten, sondern zusammen zu leben und gleichzeitig gemeinsam zu wachsen. Ich meine die Wachstumsgemeinschaft, die viele suchen, ohne sie zu finden, schon weil sie nicht genau wissen, was sie suchen.

Hallo Leute, findet euch zusammen, öffnet euch dem intuitiven, spontanen Verhalten, redet nicht mehr als nötig, spielt und tanzt viel, atmet, fühlt, erlebt. Und dann laßt das Tarot bestimmen, was geschieht. Es kann den Tagesablauf bestimmen. Es kann die Aufnahme eines neuen Mitglieds bestimmen. Es kann helfen, Beziehungen deutlich zu machen, Forderungen aneinander, Gefühle zueinander klären und ausdrücken helfen. Laßt jeden im gemeinsamen Vertrauen auf die göttliche Lebensenergie auf seinem eigenen Weg seine kleinen Schritte machen, unterstützt ihn, fordert ihn und laßt ihn allein, je nachdem, wie euch Intuition und Tarot Bescheid sagen, und hört auf, euch nach dem „Man tut nicht" der Gesellschaftsnormen zu richten oder im Protest dagegen zu verharren.

Wie wunderbar, wenn eine Familie das sein kann. Die Regel ist das nicht. Wie wunderbar, wenn das ohne parteipolitisches Geschwätz und alternative Träumereien geht. Die Regel ist das nicht. Verbannt das, was die Gedanken im Gestern und Morgen festhält. Geh ganz in den Augenblick. Sei für dein Leben in diesem Augenblick selbst verantwortlich. Mache keinen anderen verantwortlich für dein Unglück. Nicht Vater oder Mutter, nicht die gesellschaftliche Struktur, nicht den harten Job, nicht die Gruppe, in der du lebst. Mach dich unabhängig von *Empress* und *Emperor, Hierophant* und *Chariot.* Deine Glaubenssätze sind es, die dich einengen. Sei *The Magician,* der Zauberer, der selber lenkt, was mit ihm geschieht. Sei der Ritter der Pentakel, der sein Pferd zur Ruhe bringt und anschaut, was ihm gegeben ist.

Schau dich an. Nutze die anderen, um dich anzusehen, nicht um dich in ihre Angelegenheiten einzumischen. Du bringst mich in Kontakt mit meinem . . . Wie nutze ich dich als Ausflucht, um zu vermeiden, selbst zu leben? Wie nutze ich dich, um meine Verantwortung für mich zu vergessen?

Vergeßt nie: Drinnen ist draußen.
Draußen ist drinnen.
Was mir geschieht ist das, was ich tue. Was mir geschieht, schon vorher habe ich es mir selbst angetan.

Das sind echte Begegnungen, wo ich den anderen nicht manipuliere und klein halte, für mich versklave, sondern offen zu meinen Bedürfnissen und Ängsten stehe. Kann ich das ohne Tarot, fein. Kann ich es nicht, nutze ich seine Hilfe und stehe zu dem, was bewußt wird. Jeder ist ein lebendiger Prozeß. Einen Augenblick später ist er ein anderer. Es gibt keine freie und gleichzeitig sichere Beziehung. Die Zukunft ist offen. Nur so ist wirkliches Leben möglich.

Wir trafen uns zufällig zum Tee und fanden uns in guter Stimmung. Also wollten wir den Abend zusammenbleiben. Einige Vorbereitungen mußten getroffen werden. Jeder wählte eine Karte:

VIII Pentakel macht den Abwasch und räumt die Küche auf.

VI Pentakel sammelt das nötige Geld ein und geht schnell einkaufen, was gebraucht wird.

VIII Kelche macht Besorgungen für sich, die er nicht aufschieben kann, verspricht aber, wiederzukommen und zwei Flaschen von seinem guten Wein mitzubringen.

The Hermit setzt sich neben den Plattenspieler und hört Musik.

The Star gibt *Strength* eine gute Massage, währnd *The Lovers* und *The Tower* sich ungestört im Nebenzimmer vergnügen und genüßliche Geräusche nicht zu überhören sind.

Wer seine Karte akzeptiert, nimmt neidlos das, was er bekommt.
Er wird sich wohl dabei fühlen.
„Heute, jetzt, bin ich eben so."
Im nächsten Augenblick kann das anders sein.
Die Zukunft ist offen.

Nachwort

Inzwischen sind mehrere Jahre vergangen, seit ich bei Prembodhi in Poona das erste Mal in einer Tarotgruppe saß, fasziniert davon, wie die Energien des Unbewußten mit Hilfe des Tarot sich immer wieder ausdrücken und versuchen, ihre Botschaften dem Bewußtsein anzubieten.

In vielen, vielen Stunden Tarot mit unterschiedlichsten Menschen hab ich nun eine eigene Art entwickelt, wie das Tarot mir und meinem Gegenüber die heilsamen Hinweise gibt, mit denen das Wachsen erleichtert oder erst möglich gemacht wird. Am liebsten arbeite ich zur Zeit mit Träumen, so daß ich ein Kapitel darüber eingeschoben habe.

Seit fast drei Jahren gibt es dieses Büchlein und ich bin froh, daß ich es meinen Tarotschülern in die Hand drücken kann. Gleichzeitig nutze ich gern die Möglichkeit, einiges nochmal deutlich zu sagen. Aus den Reaktionen von Tarot-Spielern, die meine Gruppen besuchten, scheint das sinnvoll zu sein.

Nochmal: Es gibt keine Kartenbedeutungen, jedenfalls keine, die man immer anwenden kann. Karten sind bedruckte Pappe in der Außenwelt, auf die ich meine Innenwelt projiziere. Nichts weiter.

Natürlich sind hier Bilder, die einen bestimmten Aufforderungscharakter haben. Ein König läßt eben bestimmte Seelenbereiche anklingen, eine Hohepriesterin andere und ein Arbeiter oder ein Kind wieder andere. Darüber findest du manches in anderen Tarot-Büchern oder Büchern über Symbolik. Ich selbst ziehe häufiges, lebendiges Experimentieren jedem Viele-Worte-Machen vor. Anstelle von Kartenbedeutungen bin ich daran interessiert, aus dem Tarot Antworten zu erhalten.

Also, wie kommt nun die Botschaft zur Karte?

Damit das Tarot antworten kann, muß gefragt werden. Wenn ich im Kapitel „Der Weg des Meisters" die Karten nach der Reihenfolge auslege, geschieht nichts anderes, als daß ich die Frage ans Tarot stelle: „Was sagt mir jede Karte in dieser Reihenfolge, wenn ich von der Vermutung ausgehe, daß hier Stufen einer menschlichen Entwicklung dargestellt seien?"

Nichts anderes hab ich in „Der Weg des Meisters" getan. Dies wurde häufig mißverstanden. Dieselbe Frage kann ich stellen und die Karten umgekehrt anordnen oder in drei Reihen wie I, IV, VII, X usw. oder II, V, VIII, XI usw. auslegen.

Für die individuelle, persönliche Antwort muß die persönliche, existentielle Frage gestellt werden. Zum Fragen gehört Mut, Selbsteinsicht, Wollen, Entscheidungsabsicht, Engagement und mehr. Die Energie in diesem Engagement gibt die Möglichkeit zur Antwort. Die Antwort ist das, was dann zuerst, also möglichst ohne daß ich mich mit Bedenken einmische, in mein Bewußtsein kommt. Danach kann ich überlegen, ob ich das sagen werde, für mich behalte oder angenehmer verpacke, bevor ich es dem anderen gebe. Häufig ist die erste Gefühlsreaktion auf die Karte wichtiger als alles, was gesagt werden kann. Wenn die Frage nicht mit Engagement gestellt ist, nur mal so, kann das Tarot nicht viel leisten.

So, und nun laß ich dies Büchlein in die dritte Auflage gehen und hoffe, daß viele Leser es nicht nur im Schrank stehen lassen, sondern zu richtigen Tarot- und Lebensspielern werden. Mit jedem einzelnen, der den Mut dazu hat, wird die Welt freier und bunter werden, wie das Kleid des *Fools* in unserem Spiel.

Wolfsbrunnen, im März 1983
Swami Anand Anupam
Hartmut Müller

Hartmut Müller (Anupam),
geb. 1937 in Berlin,
ist Sozialpädagoge mit tiefenpsychologischer Zusatzausbildung und jahrelanger Erfahrung in Techniken der Humanistischen Psychologie. Seit mehreren Jahren arbeitet er mit Tarot in Gruppen und in eigener Beratungspraxis.

Genauere Informationen über Einzelberatung, Selbsterfahrungsgruppen oder Ausbildungsmöglichkeiten bei Anupam erhalten Sie beim Herzschlag Verlag.

Anand Margo

TANTRA -WEG DER EKSTASE

Sexualität und Bewußtsein

Dieses Buch wurde u.a. von Pro Familia Stuttgart empfohlen, weil es "auf spannende Art und Weise wichtige grundsätliche Informationen über psychosomatische Vorgänge" vermittelt. Es macht "neugierig und macht Lust zum Selbsterfahren. Und es hilft vielleicht verstehen, wieviel mehr Möglichkeiten in uns sind."
(Dr. Ursel Bucher)
Es gehört Mut und Abenteuergeist dazu, dieses Buch zu lesen - und auch in die Praxis umzusetzen. Es führt hinaus aus den eingefahrenen Gleisen des Routine-Sex. Es fordert auf, die verschütteten Quellen der Freude in sich Wiederzuentdecken und aus ihrer Fülle zu leben.

224 Seiten, viele Fotos und Zeichnungen, Vierfarbumschlag, überarbeitete Neuauflage

HERZSCHLAG

MASSAGE UND MEDITATION

von George Downing
Meditative Grundlagen zur erfolgreichen Anwendung und Vertiefung von Massage.
128 Seiten *DM 12,80*

ORGASMUS

von Jack Rosenberg
Ein Bioenergetikarbeitsbuch mit vielen detailliert beschriebenen und abgebildeten Einzel- und Partnerübungen.
174 Seiten, 10. Auflage, *DM 19,80*

BEGEGNUNG MIT NIEMAND

Die Geschichte eines Weges zu Bhagwan
von Mascha Rabben
Eine außergewöhnliche Autobiographie
270 Seiten *DM 16,80*

Bücher von Bhagwan Shree Rajneesh

KEIN WASSER - KEIN MOND

Zehn Geschichten über Zen
380 Seiten *DM 34,-*

MEIN WEG: DER WEG DER WEISSEN WOLKE

484 Seiten *DM 28,80*

EKSTASE: DIE VERGESSENE SPRACHE

Über Gesänge des indischen Mystikers Kabir
318 Seiten *DM 26,80*

Samuel Avital

MIMENSPIEL

Die Kunst der Körpersprache

Samuel Avital leitet ein in Amerika sehr bekanntes Lehrzentrum, das "Centre du Silence". Das Buch dokumentiert in Wort und Bild die Arbeit, die Lehrmethoden und den geistigen Hintergrund des Autors.
Es enthält über 70 Fotos, die einzelnen Schritte und Techniken der Einführung in das "Mimenspiel", Interviews und Kommentare bekannter Persönlichkeiten der Pantomimenkunst, mit denen Avital zusammengearbeitet hat (u.a. Marcel Marceau, Moni Yakim, Decroux).
Das Buch ist von großem Interesse für alle freien Theatergruppen, aber auch für alle, die Freude und Interesse an Clownerie und pantomimischem Theater haben, da es eine vielfältige Mischung ist aus Dokumentation, Lehrbuch, Bilderbuch und Lesebuch der geistigen Auseinandersetzung mit dem Körper und seinen Ausdrucksmöglichkeiten jenseits der Sprache.

180 Seiten, viele Fotos, kartoniert,
21 x 27 cm, 34,-

HERZSCHLAG